근대 국민국가의 탄생, 베스트팔렌 조약(1648)

30년 전쟁 종식을 위해 거의 전 유럽이 참여해 맺은 베스트팔렌 조약은
최초의 국제 조약이자 근대 국제법의 시초라 불린다.
이 조약으로 신성로마제국은 사실상 와해됐지만
전쟁의 원인이었던 정치적·종교적 갈등은 쉽게 잦아들지 않았다.

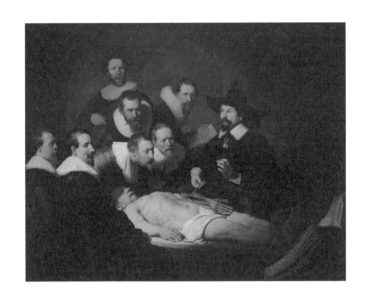

렘브란트(Rembrandt), 〈튈프 박사의 해부학 강의〉(1632)

전형적인 엘리트 코스를 밟았던 로크는 성직자의 길보다는
의학에 더 큰 관심을 가졌다. 17세기에 의학은 단순히 환자를 고치는
치료술이 아니라, 종교나 주술과 대비되는 자연과학을 의미했다.
로크는 그런 '새로운 과학'에 심취했다. (관련 내용 본문 37쪽)

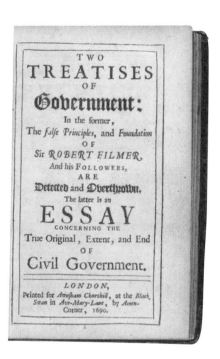

《통치론》(1689)

《통치론》의 원제는 "Two Treatises of Government"로서 '정부' 또는
'통치'에 관한 두 개의 논문이라는 뜻이다. 〈제1론〉과 〈제2론〉으로 나뉘며,
현대에는 〈제2론〉만 번역되어 읽힌다. 로크는 처음 이 책을
익명으로 출간했다가 1704년 유언장에서 자신이 저자임을 인정했다.

존 로크(John Locke, 1632~1704)

로크는 철학보다 신학이, 정치보다 종교가 우위를 점하던 17세기
영국에서 태어나 국가 권력의 기원, 존립 목적, 인민의 권한 등에 대해
명확한 입장을 정리한 정치사상가이다. 자유주의의 선구자로 알려진
그의 정치사상은 미국 독립과 프랑스 대혁명에도 큰 영향을 주었다.

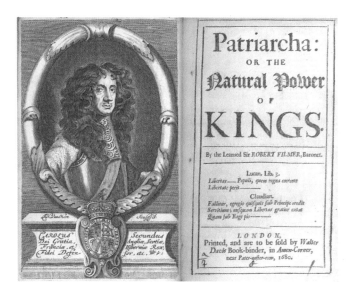

로버트 필머(Robert Filmer, 1588~1653), 《**가부장 지배**_Patriarcha_》(1680)

필머의 가부장 지배론은 국가를 가족으로 관념화하려는 최후의
체계적인 시도이자 절대주의와 군주의 세습적 통치권을 훌륭히 섞어놓은
것이었다. 로크는 필머에 대한 비판을 통해 가족과 국가를 유비적으로
통합하여 이해하는 전통적 정치관에서 벗어나 가족과 국가를 서로
다른 영역으로 구분하는 새로운 정치관을 제시하려고 했다.

안소니 애슐리 쿠퍼(Anthony Ashley Cooper, 1621~1683)

기회주의적이면서 동시에 영민한 정치인이었던 애슐리 경은 로크의
정치적 삶에 큰 영향을 끼친 인물이다. 그와의 만남은 로크의 생애에서
가장 중요한 사건이었다. 로크는 애슐리 경이 섀프츠베리 백작을 거쳐
대법관이 되고, 다시 면직된 후인 1675년까지 그를 위해 일했다.

존로크의 무덤

1704년 10월 28일 오후 3시 로크는 평생의 벗 매셤 부인(Lady Masham)이
읽어주는 〈시편〉을 들으며 죽었다. 3일 후 그는 에식스 주
하이 라버(High Laver) 교구교회의 부속묘지에 묻혔다. 그의 무덤은
여전히 그곳에 남아 있다. 1957년에 제작된 동판에는 그가 "미국을 건설한
사람들에게 철학적 지침"을 제공했다는 내용의 글귀가 적혀 있다.

2016년 10월 박근혜 퇴진을 요구하는 시위(청계광장)

"리더들의 몰락에는 하나의 공통된 원인이 있다. 그것은 자신들이 가진
권력의 한계를 그들이 스스로 인식하지 못했다는 것이다. 권력자들은
자신들이 가진 권력이 그 한계 안에서 사용될 때에만 정당할 수 있다는 것을
알지 못했거나 알면서도 무시했다. 이제 누군가 리더가 되고자 한다면,
자신이 가지게 될 권력의 성격과 한계를 명확히 의식해야 한다."(본문에서)

존 로크 통치론

LEADER'S CLASSICS

존 로크 통치론

자기 한계를 아는 권력

공진성 지음

인용 문헌

《통치론》: 존 로크, 강정인·문지영 옮김, 까치, 1996.
《관용에 관한 편지》: 존 로크, 공진성 옮김, 책세상, 2008.
※《통치론》의 국내 번역은 필요에 따라 조금 수정하여 인용했다. 다른 번역
본을 참조하더라도 쉽게 대조해볼 수 있도록 출처는 간단히 괄호 안에 '절 번
호'만 적어 표기했다. 《관용에 관한 편지》를 인용할 경우에는 괄호 안에 한국
어판의 '쪽수'만 적어 표기했다.

머리말

2018년 한국 사회는 거대한 변화를 겪었다. 2016년 말, 부패한 권력에 대한 폭로와 비판, 항의에서 시작된 변화의 흐름은 우리의 일상 속에서 은밀하게 작동하던 또 다른 권력에 대한 폭로와 비판으로 이어졌다. 이 변화의 흐름 속에서 오랫동안 이른바 '리더'로서 존경받던 인물들이 하나둘씩 몰락했다.

사뭇 다른 듯이 보이는 두 사건, 즉 전직 대통령의 구속과 이른바 '미투#MeToo' 운동에 의한 리더들의 몰락에는 하나의 공통된 원인이 있다. 그것은 자신들이 가진 권력의 한계를 그들이 스스로 인식하지 못했다는 것이다. 권력자들은 자신들이 가진 권력이 그 한계 안에서 사용될 때에만 정당할 수 있다는 것을 알지 못했거나 알면서도 무시했다.

'권력의 한계'는 먼저 권력 자체의 성격에 의해, 다음으로는 그 권력의 대상이 되는 사람들의 동의에 의해 결정된다. 그러므로 권력의 대상이 되는 사람들이 스스로 권력의 성격을 어떻게 이해하느냐가 사실상 권력의 한계를 결정한다고 말할 수 있다. 우리가 오늘날 경험하고 있는 변화는 권력의 성격에 대한 사람들의 생각이 바뀌는 현상이다. 달리 말하면, 권력의 성격을 과거와 다르게 이해하는 사람의 수가 늘어나고 있는 것이다.

정치적 권력이 마땅히 해야 할 일은 하지 않고 엉뚱한 짓만 일삼은 것에 대한 비판은 경제적 영역에서의 이른바 '갑질'에 대한 비판과 같은 것이고, 사회 전반에서 암암리에 행해지던 성적 희롱과 추행, 폭행 등에 대한 비판과도 같은 것이다. 부패의 핵심은 정당한 범위를 넘어서 권한을 남용하는 것이다. 경제적으로 사익을 취하라고 우리가 대통령에게 정치적 권력을 부여한 것은 아니다. 경제적으로 노동력을 사용하는 지위에 있다고 해서 노동력을 공급하는 사람을 인간적으로 모욕할 권한마저 가지는 것도 아니다. 다른 사회적 관계에서 우월한 지위에 있다고 해서 열등한 지위에 있는 사람을 성적으로 희롱하거나 착취해도 좋은 것은 아니다.

현대 사회의 다양한 영역에서 작동하는 권력들을 구분해서 보지 못하는 사람들이 있다. 과거에는 사회의 각 영역이 제대로 나누어지지 않았고, 그러므로 권력도 구분되지 않았으며, 그것을 구별할 수 없다고 해서 리더가 되는 데에 어려움이 있지도 않았다. 오히려 과거에 사람들은 그런 미분화한 사회적 조건 속에서 부패를 통해 더 쉽게 리더의 지위에 오르곤 했으며, 그렇게 오른 리더의 지위를 이용해 또 다른 부패를 행하곤 했다. 그러나 이제 더는 그럴 수 없다. 사회가 확실히 기능적으로 분화했을 뿐만 아니라 사람들이 그런 분화를 점차 뚜렷하게 의식하고 있으며, 그에 따라 각각의 영역에서 작동하는 권력에 도덕적 한계가 점점 더 강하게 부여되고 있기 때문이다.

이제 누군가 리더가 되고자 한다면, 자신이 가지게 될 권력의 성격과 한계를 명확히 의식해야 한다. 그 말은 권력의 대상이 인식하는 한계, 즉 동의하는 범위를 분명히 알아야 한다는 뜻이다. 물론 그 범위와 한계는 가변적이다. 자신이 가진 권한의 범위를 확대하는 것은 분명히 리더 자신의 역량에 달려 있다. 그러나 아무리 리더 개인의 역량이 크더라도 다수의 사람들의 동의를 넘어 리더가 자신의 권력을 행사할 수는 없다. 그것은 또한 자연의 법칙이다.

자유주의의 선구자로 알려진 17세기 잉글랜드의 사상가

존 로크John Locke, 1632~1704는 이와 같은 매우 현재적인 문제를 자신의 책《통치론》에서 다루었다. 로크의 정치사상의 핵심이 담겨 있는《통치론》을 읽음으로써 우리는 당시의 정치적 논쟁에 대한 로크의 생각을 엿볼 수 있을 뿐만 아니라, 그와 함께 오늘날 한국 사회에서 일어나고 있는 거대한 변화의 의미를 해석할 하나의 사상적 지침을 발견할 수 있을 것이다.

차례

《통치론》의 저자 로크,
또는 로크의 《통치론》

1704년 4월, 로크는 자신의 생명이 얼마 남지 않았음을 느끼고서 자신의 소유지를 조카에게 남긴다는 내용의 유언장을 작성했다. 그리고 그해 9월, 그 유언장에 자신이 《통치론》의 저자임을 인정하는 내용을 추가했다. 이미 모든 사람이 이 책을 로크가 썼다는 사실을 알고 있었지만, 로크는 그 사실을 이 유언장을 통해 처음으로 공식 인정했다. 그리고 한 달 후, 로크는 72세를 일기로 세상을 떠났다.

《통치론》은 존 로크의 저작이다. 다시 말하면, 존 로크는 《통치론》의 저자이다. 그런데 존 로크는 자신이 어떤 책의 저자로 사람들의 기억에 남기를 원했을까? 《인간지성론》의 저자로? 《교육에 관한 몇 가지 생각》의 저자로? 아니면 《관용에 관한 편지》나 《그리스도교의 합리성》의 저자로? 자신이 《통치론》의 저자라는 사실을 죽기 전에야 비로소 밝혔다면, 과연 그는 그 책의 저자로서 인정받기를 바란 것일까, 바라지 않은 것일까?

그가 스스로 어떤 책의 저자로서 인정받기를 원했는지와 무관하게, 그가 남긴 많은 저서 가운데 가장 널리 읽히는 책을 기준으로 삼자면, 그는 확실히 《통치론》의 저자이다. 그의 삶 전체가 사적이기보다는 공적이었고, 철학적이기보다는 정치적이었기 때문이다. 그는 정치적 격변기를 논쟁하며 살았다. 살해당하거나 일찍 병사하지는 않았지만, 수년간 해외에서 망명객 생활을 해야 할 정도로 곤란을 겪었다. 《통치론》은 이런 그의 정치적 삶을 반영하는 듯하다. 또한 로크가 《통치론》의 저자로서 오늘날까지, 심지어 한국의 독자들에게까지 알려지게 된 것은 이 책이 이후의 역사적 흐름을 거스르지 않았기 때문이다. 달리 말하면, 이 책의 영향을 받은 사람들이 훗날 역사의 주인공이 되었기 때문이다.

모든 텍스트text는 콘텍스트context를 가지고 있다. 텍스트를 이해하기 위해서는 콘텍스트에 대한 이해가 필수적이다. 그렇다면 《통치론》이라는 텍스트의 콘텍스트는 무엇일까? 먼저, 로크라는 저자의 삶과 생각 전체가 하나의 콘텍스트가 될 수 있다. 그리고 저자의 삶이 담긴 세계, 《통치론》이라는 텍스트를 낳은 세계가 또한 텍스트를 이해하기 위해 우리가 알아야 할 콘텍스트이다. 그러나 텍스트의 운명은, 특히 '고전'이라고 불리는 텍스트의 운명은 또 다른 콘텍스트를 만나 언제나 새롭게 해석되는 것이다. 텍스트의 탄생과 함께 그것을 낳은 콘텍스트가 고정되지 않고, 시간과 공간을 넘어 다른 콘텍스트 속에서 다른 의미를 가지게 되는 것이 텍스트의 운명이다. 그렇기는 하지만, 텍스트가 태어난 애초의 콘텍스트를 끊임없이 다시 확인하는 일이 무익하지는 않을 것이다. 특히 오랫동안 새로운 콘텍스트들 안에서 다르게 해석되어서 텍스트에 대한 이해가 사뭇 달라지고 그렇게 고정된 경우에는 더욱 그럴 필요가 있다.

이 책에서 우리는 《통치론》이라는 텍스트가 탄생한 콘텍스트, 즉 로크라는 인물의 삶과 그가 속해 있던 물리적이고 정신적인 세계를 우선해서 살펴볼 것이다. 그런 이해를 배경 삼아 《통치론》이라는 텍스트의 의미를 해석해보고, 시공간을 달리하는 새로운 콘텍스트에서 이 텍스트가 어떤 의미를 가질 수 있는지를 함께 생각해볼 것이다.

《통치론》의 〈제1론〉과 〈제2론〉

《통치론》의 원제는 'Two Treatises of Government'이다. '정부' 또는 '통치'에 관한 두 개의 논문이라는 뜻이다. 제목 아래에는 다음과 같은 설명이 붙어 있다.

"첫 번째 논문에서는 로버트 필머 경과 그의 추종자들이 주장하는 그릇된 원리와 기초가 탐지되고 논파된다. 두 번째 논문은 세속 정부의 기원, 범위, 목적에 관한 시론이다."

이미 여러 종이 나와 있는 한국어 번역본들은 모두 이 두 개의 논문 가운데 두 번째 논문만을 번역한 것이다.[1] 이런 관행은 사실 매우 오래되었다. 일찍이 1691년에 네덜란드에서 망명 생활을 하던 위그노(프랑스 신교도) 목사 다비드 마셀David Mazel은 로크의 《통치론》을 새로 출판하면서 〈제1론〉을 뺐고, 문단 번호만 붙은 채로 이어져 있던 글을 현재와 같이 주제별로 나누어 장 번호를 붙여 편집했다. 마셀의 편집본이 널리 퍼지면서 〈제2론〉이 《통치론》을 사실

---

1 이 두 번째 논문을 이 책에서는 〈제2론〉이라고 부를 것이다.

상 대표하게 된 것이다. 그런 의미에서 〈제2론〉만 번역하는 것에도 어느 정도 타당한 이유는 있지만, 그렇게 함으로써 텍스트에 대한 온전한 이해가 가로막히는 것 또한 분명한 사실이다. 그러나 여전히 당분간은 〈제1론〉을 포함한 온전한 《통치론》이 번역되어 나올 수 없을 것 같아 보인다. 왜 그럴까?

《통치론》이 무슨 책인지 전혀 모르는 사람이 도서관이나 서점에서 《통치론》을 집어 들 가능성이 과연 있을까? 어떤 사람이 《통치론》을 집어 든다면 존 로크에 관심이 있어서일까, 아니면 '통치'에 관심이 있어서일까? 존 로크가 누구인지도 모르고 《통치론》이 무슨 책인지도 모르지만 순전히 '통치'에 관심이 있어서 《통치론》을 집어 드는 사람도 있을까? 얼마 되지 않을 것 같지만, 이 드문 경우를 한번 생각해보자. 순전히 '통치'에 관심이 있어서 《통치론》을 집어 든 사람은 정확히 무엇에 관심이 있는 것일까? 이 사람은 '통치'를 과연 무엇이라 생각하고 있을까? 다음 그림을 보자.

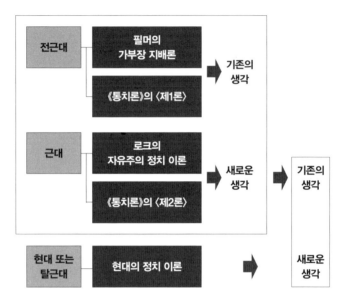

[그림 1] '통치'에 관한 '기존의 생각'과 '새로운 생각'

　기존의 통념에 따르면 로크의《통치론》은 '통치'에 관한 '기존의 생각'과 '새로운 생각'을 다루고 있다. 그런데 우리에게 '기존의' 생각인 것이 로크에게는 '새로운' 생각이고, 로크에게 '기존의' 생각인 것은 우리에게 거의 이해되지 않는 '낯선' 생각이다. 이것이《통치론》의〈제1론〉이 동서를 막론하고 오늘날 잘 읽히지 않는 이유이고 한국어로 번역되지 않는 이유이며, 더 나아가〈제2론〉조차도 오늘날의 독자에게 그리 흥미롭게 여겨지지 않는 이유이다. 존 로크를 조금 진부한 저자라고 생각한다면, 그것은 바로 이런 통념이 작동한 결과일 것이다.

그런데 만약 로크에게 '기존의' 생각이었던 것, 그래서 로크가 비판하고 극복하려고 했던 것이 현재까지도 여전히 사라지지 않은 채 지속되고 있는 사고 방식이라면, 그래서 사상적 혁신을 통한 현실에 대한 개입과 같은 로크의 작업이 오늘날에도 여전히 필요한 일이라면,〈제2론〉의 의미는 물론이고〈제1론〉의 의미도 사뭇 달라질 수 있을 것이다. 물론, 반드시 그런 실천적 목적과 현재적 의의를 가지지 않더라도, 사상적 전환을 통한 정치적 전환의 노력이 역사적으로 어떻게 이루어졌는지를 관찰하는 것만으로 충분히 즐겁지 않을까?

여기에서 잠시《통치론》의 전체 목차를 한번 살펴보자. 이미 언급했다시피《통치론》은 두 개의 논문으로 이루어져 있다.〈제1론〉은 한국어로 번역되어 있지 않기 때문에 목차로나마 그 내용의 대강을 한번 살펴보는 것이 유익할 것이다. 논문 전체는 11개의 장으로 이루어져 있다.

〈제1론〉의 목차

제1장 (1~5절)	서론
제2장 (6~14절)	아버지의 권력과 왕의 권력에 관하여
제3장 (15~20절)	창조에 의한, 주권에 대한 아담의 자격
제4장 (21~43절)	창세기 1장 28절에 기록된 증여에 의한, 주권에 대한 아담의 자격
제5장 (44~49절)	하와의 예속에 의한, 주권에 대한 아담의 자격
제6장 (50~72절)	부성(父性)에 의한, 주권에 대한 아담의 자격
제7장 (73~77절)	주권의 원천으로서 함께 고찰된 부성과 소유권에 관하여
제8장 (78~80절)	아담의 주권적 군주 권력의 양도에 관하여
제9장 (81~103절)	아담으로부터의 상속에 의한 군주정에 관하여
제10장 (104~105절)	아담의 군주적 권력의 상속자에 관하여
제11장 (106~169절)	누가 상속자인가?

목차를 통해서도 알 수 있듯이 〈제1론〉의 내용은 군주 권력의 정당성에 관한 것인데, 얼핏 보면 마치 로크가 왕이 아담의 후손으로서 정당하게 군주의 권력을 상속한다고 주장하는 것처럼 보인다. 그러나 사실 로크는 그런 주장을 비판하고 있다. 로크가 비판의 대상으로 삼고 있는 사람은 로버트 필머Robert Filmer, 1588~1653와 그의 추종자들이다. 이들의 주장과 그 주장이 근거하고 있는 몇 가지 원리들을 로크는 〈제1론〉에서 조목조목 비판하고 있다. 6장까지는 주권에 대한 아담의 자격 문제를 검토한다. 필머가 아담의 주권자 지위를 창조에 근거해, 신의 증여에 근거해, 하와의 예속에 근거해, 그리고 아담이 가진 부성에 근거해 정당화하기 때문에 그 근거의 타당성을 각각 따지는 것이다. 7장 이하에서는 아담이 보유했다고 필머가 주장하는 주권이 일종의 소유물일 수 있는지, 그래서 아담이 타인에게 양도하거나 자식에게 상속할 수 있는지를 검토하고 비판한다. 그런데 그 주장이 기독교 성서에 근거하고 있기 때문에 부득이하게 로크 역시 부분적으로는 성서에 근거해, 또 부분적으로는 이성에 근거해 그 주장을 비판하지 않을 수 없었다.

이런 강한 기독교적 색채가 현대의 일반 독자들에게, 심지어 기독교인 독자에게조차 독해의 걸림돌이 되기도 한다. 로크가 스스로 서문에서 밝힌 바에 의하면, 〈제1론〉의 상당 부분이 저자가 겪은 모진 운명과 함께 사라졌다. 그러나 로크는 소실된 부분을 굳이 다시 채워 쓰지 않고, 부분적으로 미완성인 상태로 최소한의 손질만 해서 책을 출간했다. 그 이유를 로크는 "필머의 글을 읽는 고통을 다시 겪고 싶지 않아서"라고 밝힌다.

〈제2론〉은 "세속 정부의 참된 기원, 범위, 목적에 관한 시론"이다. 여기에서 '세속 정부'라고 표현한 것을 때로는 '시민 정부'라고도 하는데, 〈제2론〉만을 놓고 보면 그런 표현이 그리 문제가 되지 않아 보이지만, 〈제1론〉과의 관계 속에서 보면 그런 표현은 충분히 이해되지 않는다. 물론 '세속 정부'도 충분하지는 않다. 왜냐하면 로크가 〈제2론〉에서 그 기원과 범위, 목적을 밝히고자 하는 'Civil Government'는 종교적 지배와 대조되는 의미에서 '세속적' 지배이고, 자식에 대한 아버지의 자연적 지배와 대조되는 의미에서 '정치적' 지배이며, 노예에 대한 주인의 지배와 대조되는 의미에서 '시민적' 지배이기 때문이다. 한국에서 한

때 이것은 '군사' 독재와 대조되는 의미에서 '문민' 통치를 의미하기도 했다. 아무튼, 'Civil Government'가 여러 대조적 지배와의 관계 속에서 복합적 의미를 가진다는 것을 기억해둘 필요가 있다.

〈제2론〉의 전체는 19개의 장으로 이루어져 있지만 그 분량은 첫 번째 논문보다 조금 더 많은 정도이다.

〈제2론〉의 목차

제9장 (123~131절)	정치사회와 정부의 목적에 관하여
제10장 (132~133절)	국가의 형태에 관하여
제11장 (134~142절)	입법 권력의 범위에 관하여
제12장 (143~148절)	국가의 입법권, 집행권 및 연합권에 관하여
제13장 (149~158절)	국가권력의 종속에 관하여
제14장 (159~168절)	대권(大權)에 관하여
제15장 (169~174절)	아버지의 권력, 정치적 권력 및 전제적 권력에 관한 총괄적 고찰
제16장 (175~196절)	정복에 관하여
제17장 (197~198절)	찬탈에 관하여
제18장 (199~210절)	참주지배에 관하여
제19장 (211~243절)	정부의 해체에 관하여

　목차를 보면 〈제2론〉의 내용이 훨씬 더 현대인에게 익숙한 것임을 알 수 있다. 〈제1론〉이 필머의 주장을 비판하

는 데에 초점을 맞추고 있다면, 〈제2론〉은 로크 자신의 생각을 밝히는 데에 초점을 맞추고 있다. 여기에서 '정부'라는 단어는 《통치론》이라는 제목 속의 '통치'와 사실상 같은 단어이다.[2] '정부'가 하나의 제도와 기관으로서 훨씬 명사적인 의미를 가진다면, '통치'는 인간의 행위로서 훨씬 동사적인 의미를 가진다. '지배'나 '다스림'으로 이해해도 무방할 것이다.

로크의 전체 논의를 대한민국 '정부'와 같은 제도나 기관의 탄생 및 소멸의 전 과정에 관한 것으로 이해할 수도 있을 것이다. 하지만 그것은 동시에 '통치', 즉 시민이 다른 동등한 시민을 다스리는 행위의 시작과 끝, 그 지속 가능 조건에 관한 것으로 이해할 수도 있다. 이 중의성에 유념할 필요가 있다. 〈제2론〉의 구체적인 내용과 주요 쟁점들에 관해서는 뒤에서 다시 살펴볼 것이다.

〈제2론〉의 전체적인 논의는 현대인에게 비교적 익숙한 것이지만, 정부와 통치에 관해 이야기하면서 '노예'와 '아버지'를 거론하는 것은 매우 낯선 방식이다. 그런데 이 낯

---

2 1970년에 출간된 이극찬의 번역본은 《시민정부론》이라는 제목을 달고 있었다.

선 방식 속에 지금까지 우리가 상식적으로 로크를 이해해오던 것과 조금은 다르게 로크를 이해할 수 있는 가능성이 숨어 있다. 이 가능성을 확인하기 위해서는 먼저 로크의 생애와 시대, 그리고 '통치/정부'에 관한 그의 주장의 사상사적 배경을 파악할 필요가 있다.

2장　　　　　　　　　　　　　로크의 생애와 시대

《통치론》의 저자 존 로크는 1632년 8월 28일 잉글랜드 남서부 서머셋Somerset의 소小젠트리 집안에서 태어났다. 오늘날 '젠트리피케이션'이라는 말을 통해 우리에게도 잘 알려진 '젠트리gentry'라는 단어는 '젠틀맨gentleman'과 관련이 있다. 젠트리 계급에 속한 사람들이 젠틀맨이고, 젠틀맨의 집단이 곧 젠트리 계급이다. 이들은 작위를 받은 귀족은 아니었지만 토지를 소유한 자유인이었으며 어느 정도 부를 축적한 사람들이었다. 그렇기 때문에 당시 잉글랜드 사회에서 어느 정도 발언권을 가지고 있었고 의회에서도 대표되었다.

사람의 의식이 전적으로 그의 계급적 배경에 의해 결정되는 것은 아니지만, 로크와 그의 아버지가 귀족이 아니었고, 그래서 그들의 사회경제적 이해관계가 귀족의 그것과 어느 정도 달랐을 것을 생각하면 로크와 그의 아버지가 중요한 문제에서 기존의 지배계급과 다른 입장을 가졌을 것임을 충분히 짐작할 수 있다. 관건은 '다름' 자체에 있지 않고, 얼마나 '성공적으로' 그 다름을 현실에서 주장할 수 있었느냐에 있을 것이다. 이에 관해서는 뒤에서 다시 이야기하기로 하고, 먼저 그가 태어난 17세기에 대해 이야기해보자.

로크는 17세기 사람이다. 21세기에 살고 있는 우리에게 서양의 17세기는 쉽게 이해할 수 있는 시대가 결코 아니다. 상징적인 사건 한 가지를 통해 이 시대의 분위기를 한 번 상상해보자. 로크가 태어난 1632년은 갈릴레오 갈릴레이가 《두 개의 거대한 천체 체계, 프톨레마이오스와 코페르니쿠스의 천체 체계에 관한 갈릴레오 갈릴레이의 대화》를 펴낸 해이다. 이른바 천동설과 지동설이 서로 자리를 맞바꾸는 패러다임 교체의 시기였다. 그러나 그다음 해에 갈릴레오 갈릴레이는 자신이 책에서 제기한 주장 때문에 로마에서 종교재판을 받아야 했다. 완전한 세계관적 전환을 위해서는 아직 더 많은 시간이 필요했던 것이다.

1632년은 암스테르담에서 철학자 스피노자가 태어난 해이기도 하다. 《윤리학》의 저자로 우리에게 잘 알려진 스피노자 역시 과학적 세계관이 아직 종교적 세계관을 대체하지 못한 시대에 성서라는 텍스트를 합리적으로 이해하려는 시도를 하다가 무신론자라는 비난을 받으며 많은 어려움을 겪어야 했다. 학자들이 이른바 '근대 초기'라고 부르는 서양의 17세기는 여전히 철학보다 신학이, 정치보다 종교가 우위를 점하던 시기였다.

17세기는 전쟁의 시기였다. 인류 역사상 전쟁이 없었던 적이 오히려 드물지만, 특히 17세기는 반복해서 벌어진 전쟁으로 인해 유럽 땅이 붉게 물든 시기였다. 근대 국민국가 체계의 탄생을 알리는 상징과도 같은 1648년의 베스트팔렌 조약은 유럽에서 벌어진 30년 전쟁과 80년 전쟁(네덜란드 독립 전쟁)의 끝이었지만, 이 전쟁들의 원인이었던 정치적·종교적 갈등은 그 후에도 쉽게 잦아들지 않았다.

《통치론》과 관련해 특히 중요한 사건은 로크가 10세가 되던 해인 1642년에 잉글랜드의 국왕파와 의회파 사이에 일어난 전쟁이다. 이 사건을 오늘날에는 흔히 '잉글랜드 내전the English Civil War'이라고 부르지만, 한때는 '청교도 혁명the Puritan Revolution'이라고 불렀다. 의회파 군대의 주축이 바로 청교도였기 때문이다. 로크의 아버지는 의회군에 소속된 어느 한 부대의 기병 대장이었다. 이 사실은 로크 자신이 청교도였거나 적어도 그가 청교도 운동에 우호적이었을 것임을 짐작하게 해준다. 로크 전문가인 영국의 정치

철학자 존 던^{John Dunn, 1940~} 은 로크의 철학적 입장이나 종교적 사상은 전혀 청교도적이지 않고, 오히려 청교도들이 읽으면 깜짝 놀랄 만큼 이단적이지만, 로크의 삶과 정체감만큼은 지극히 청교도적이었다고 평가한다.

'청교도^{Puritans}'라는 명칭은 '기독교를 정화^{purify}하려는 무리'라는 뜻이다. '정화'라는 말이 함의하는 그 열심이 전쟁까지 치르게 만들었지만, 각자의 삶에 적용되었을 때에는 자신의 삶을 지극히 도덕적으로 영위하게도 만들었다. 켄 휴즈^{Ken Hughes} 감독의 영화 〈풍운아 크롬웰〉^{Cromwell, 1970}을 보면 크롬웰^{Oliver Cromwell, 1599~1658}을 비롯한 '청교도'들의 엄격한 삶의 태도, 그러나 그것에서 비롯한 전투적 태도가 잘 묘사되어 있다. 로크도 이런 삶의 태도를 어느 정도 공유하고 있었을 것이라고 추측할 수 있다.

내전이 일어난 것은 로크가 10세 때였고, 전쟁의 결과로 왕이 공개 처형된 것은 로크가 16세 때였다. 한창 민감할 나이에 종교적 입장에 따라 편을 가르고 전쟁을 하는 사람들의 모습을 보면서 어린 로크는 과연 무슨 생각을 했을까? 17세기 잉글랜드의 영향력 있는 사상가들이 모두 이 전쟁의 원인에 대해 고민하고 나름의 해법을 제시했을 정도로 내전은 당대 사람들의 지적인 활동에 커다란 자극이 되었다. 우리가 잘 아는 토머스 홉스Thomas Hobbes, 1588~1679는 내전의 원인을 주권의 분할에서 찾고 자연 상태로 언제든지 퇴락할 수 있는 정치 공동체를 방어하기 위한 단일 주권의 확립을 주장했다. 인문주의자 클라렌든 백작 Earl of Clarendon, 1609~1674은 홉스의 주장에 반대해 질서 그 자체가 아니라 아리스토텔레스적 의미의 '좋은 질서'가 중요하며, 권력이 기능적으로 나뉜 혼합 군주정에서 그런 질서의 확립이 가능하다고 주장했다. 공화주의자 해링턴James Harrington, 1611~1677은 잉글랜드의 정치 체제와 인민의 정치적 심성이 사회경제적 발전에 상응하지 못한 데에서 내전의 원인을 찾고 올리버 크롬웰이 이끄는 잉글랜드에서 고대의 모범을 따라 공화국을 새롭게 건설할 가능성을 보았다.

그렇다면 로크의 생각은, 로크의 입장은 무엇이었을까? 로크의 정치적 삶과 그의 저작《통치론》이 고민한 문제는 전쟁이나 내전 그 자체와는 무관했지만, 정치와 종교가 결합되어 갈등을 일으키는 상황과는 결코 무관하지 않았다.

로크의 학창시절

아직 내전이 끝나기 전인 1647년에 14세의 나이로 로크는 그 유명한 런던의 웨스트민스터 학교Westminster School에 들어갔고, 20세가 된 1652년에는 옥스퍼드의 크라이스트 처치 대학에 들어갔다. 당시의 전형적인 엘리트 코스를 밟은 셈이다. 로크는 1656년 2월에 학사학위를, 1658년 6월에 석사학위를 취득했다. 당시의 대학은 대체로 성직자 양성 과정이었고, 졸업생도 대부분 교회에서 일하게 될 것을 기대했다. 로크의 아버지도 어쩌면 자식에게 그런 기대를 가지고 있었을 것이다. 그러나 로크는 성직자의 길을 가지 않았다. 명석한 로크는, 일찍이 학교 선배 홉스가 그랬던 것처럼, 대학의 정규 교과 과정에서 큰 흥미를 느끼지 못했다. 로크의 관심을 끈 것은 의학이었다.

오늘날 의학을 배운다는 것은, 조금 낮춰 말하자면, 직업으로서 의사가 되기 위한 수련 과정에 불과하지만, 당시에 의학을 공부한다는 것은 지금과는 사뭇 다른 의미를 가졌다. 17세기의 유명한 네덜란드 화가 렘브란트가 1632년에 그린 작품 〈튈프 박사의 해부학 강의〉를 보라(이 책 맨 앞 화보 참조). 시신에 대한 어떤 주술적이거나 종교적인 태도도 찾아볼 수 없다. 그림에 등장하는 인물들은 그저 인체를 객관적으로 이해하고자 하는 호기심으로 가득 차 있고, 튈프 박사는 아무런 감정의 동요도 보이지 않으면서 담담하게 해부를 진행하고 있다. 이미 앞에서 언급했다시피, 같은 해인 1632년에 갈릴레오 갈릴레이는 코페르니쿠스의 지동설을 증명하는 책을 썼다. 천체 관측이 우주를 '해부'하는 것이었다면, 실제 해부는 인간이라는 '소우주'를 관측하는 것이었다. 당시의 의학은 단순히 환자를 고치는 치료술이 아니라, 종교나 주술과 대비되는 자연과학을 의미했다. 그런 '새로운 과학'을 로크는 관심을 가지고 연구했다.

30대에 들어서서도 로크는 대학에서 나름의 출셋길을 계속 걸었다. 1661~1662년에는 그리스어 강사praelector를, 1663년에는 수사학 강사를 역임했고, 1664년에는 도덕철학 학생감censor으로 임명되기까지 했다. 모교에서 후배들을 가르치는 일과 병행해 로크는 의학, 물리학, 화학 등을 계속해서 공부했다.

로크가 대학에서 한편으로는 전통적인 스콜라 교육을

따분해하면서, 다른 한편으로는 성공적으로 엘리트 코스를 밟아나가던 때에 암스테르담의 동갑내기 유대인 청년 스피노자는 24세의 나이에 자신의 종족 공동체에서 무시무시한 저주를 받으며 쫓겨나야 했다. 불우했던 스피노자와 비교할 때, 로크의 환경은 상대적으로 안정적이었으며 유복했고, 종교적으로도 크롬웰의 통치하에 국교회와 청교주의가 우세하던 때였다. 그런 상황이 아마도 당시의 로크로 하여금 종교적 관용에 관해 보수적인 국가우위론적 입장에 서게 했는지도 모른다.

그런데 도대체 '종교적 관용'이 왜 문제가 된 것일까? 사실 기독교 개혁운동Reformation 전에도 이교도에 대한 박해는 있었지만, 그 후에는 같은 기독교인에 대한 박해도 이루어졌다. 가톨릭구교 국가에서는 신교도를 박해했고, 신교 국가에서는 가톨릭교도를 박해했다. 헨리 8세 이후 신교 국가가 된 잉글랜드에서는 가톨릭교도뿐만 아니라 국교도가 아닌 신교도도 박해했다. 각자가 옳다고 믿는 대로 예배할 수 있도록 허용하지 않은 것이다. 같은 기도문을 외우도록 했고, 같은 찬송가를 부르게 했으며, 같은 의식에 따라 예배하게 했다. 그런 강제는 교리가 서로 다르기 때문이기도 했지만, 국가를 중심으로 한 질서 유지를 위해서이기도 했다. 논쟁은 결국 관용의 주체와 범위를 둘러싸고 벌어졌다.

1660년 11월과 12월 사이에 동학同學 배그쇼Edward Bagshaw에게 답하는 형식의 논문에서 로크는, 종교의 본질과 무관함을 전제로, 종교적 예배 형태를 세속 통치자가 결정하는 것에 찬성하는 입장을 보였다. 이 당시 로크는 국교회의 신학 서적을 많이 읽었으며 로마 가톨릭교도와 비국교도에 맞서는 두 개의 논쟁 전선에서 영국 국교회의 전통적 입장을 옹호했다. 그러나 모든 지식이 경험에서 비롯한다는 경험론의 주장처럼 종교적 관용에 관한 로크의 생각도 새로운 경험을 통해 변화했다.

1665년 11월부터 1666년 2월까지, 비록 짧은 기간이었지만 월터 베인Walter Vane이 브란덴부르크 선제후選帝侯의 통치령이었던 독일과 네덜란드의 국경 도시 클레베에 외교관으로 파견될 때 그의 비서로서 동행한 경험이 로크의 생각을 크게 바꾸었다. 그곳에서 로크는 서로 다른 교회에 속한 사람들이 국가가 형식적 통일성을 부여하지 않아도 질서 있게 함께 사는 것을 목격한 것이다. 첫 해외여행에서의 이런 경험이 종교적 관용의 실행 가능성에 관한 그의 생각을 크게 바꿨을 것이라고 연구자들은 추측한다.

로크의 정치적 삶

1666년 여름, 짧은 해외여행에서 돌아온 로크는 자신의 인생을 정치적인 방향으로 크게 바꿔놓을 한 인물을 만나게 된다. 그를 만나지 않았다면 어쩌면 로크는《통치론》을 쓰지 않았을지도 모르고, 오늘날 우리가 아는 로크와 사뭇 다른 인물로 알려졌을지도 모른다. 30대 중반의 로크가 만난 그 인물은 바로 안소니 애슐리 쿠퍼Anthony Ashley Cooper, 1621~1683였다. 그는 상당히 기회주의적인, 그러나 동시에 정치적으로 영민한 정치인이었던 것으로 보인다. 그는 내전 중에 왕당파에서 의회파로 성공적으로 변신하여 내전 후에도 살아남았을 뿐만 아니라, 공화정에서 호국경護國卿[1] 체제로 넘어가는 과정에서도 주도적인 역할을 하여 크롬웰 치

---

1 Lord Protector. 잉글랜드에서 왕권이 미약했을 때 섭정하던 귀족에게 붙이던 호칭. 올리버 크롬웰이 찰스 1세를 처형하고 호국경이 된 것이 대표적이다.

하에서 정치적으로 중용되었다. 그러나 크롬웰의 군사독재에 반감을 가지게 된 쿠퍼는, 그렇다고 해서 명확하게 왕정복고를 지지했다는 증거는 없지만, 더는 그를 지지하지 않았다. 그 덕분인지는 알 수 없지만, 1660년 찰스 2세의 귀환 이후에 쿠퍼는 왕의 자문기관인 추밀원에서 활동하게 되었다. 그뿐 아니라 1661년에는 애슐리 경Lord Ashley이 되고, 1672년에는 섀프츠베리 백작Earl of Shaftesbury이 되어 마침내 대법관의 자리에까지 오를 정도로 찰스 2세의 치하에서 출세가도를 달렸다. 그런 그가 로크를 눈여겨본 것이다.

그의 부름을 받고 로크는 1667년 늦은 봄 옥스퍼드를 떠나 런던을 향했다. 로크는 1668년 6월 12일 그동안 습득한 의학 지식을 매우 적절하게 활용할 기회를 얻게 되었다. 애슐리 경의 간 질환을 로크가 수술로 치료한 것이다. 건강을 되찾은 애슐리 경은 로크를 생명의 은인으로 여겼다. 이에 대한 보답 차원에서 애슐리 경이 힘을 쓴 결과였을까? 1668년 11월 로크는 왕실학회 회원으로 선출되었다. 애슐리 경의 집에 들어가면서부터 그때까지 로크가 지니고 있었던 정치에 대한 스콜라철학적 관심은 변하게 되었다. 30대 중반을 지나면서 로크의 정치적 시야가 넓어진 것이다.

1672년 3월, 로크가 40세쯤 되었을 때, 애슐리 경은 마침내 섀프츠베리 백작이 되었고, 그해 11월 대법관이 되었다. 1년 뒤인 1673년 11월 그가 면직될 때까지 로크는 그를 위해 일했으며, 1675년 프랑스로 가기 전까지 그를 위해 혹은 개인 자격으로 이런저런 위원회에서 일했다.

비록 정치인을 위해 일하긴 했지만 로크 자신은 철학자로서의 자의식을 계속 가지고 있었다. 그러나 그때까지 로크는 잉글랜드에서도 유럽에서도 아직 철학자로서 이름을 알리지 못했다. 동갑내기 스피노자가 이미 1663년 갓 서른을 넘긴 나이에 《데카르트의 철학의 원리》를 출간하여 네덜란드는 물론이고 유럽 전역에 철학자로서 이름을 알린 것과 비교하면, 그래서 1660년대 후반에 하이델베르크대학의 교수로 초청까지 받은 것을 생각하면, 로크는 학자로서 거의 무명이었던 셈이다.

그런데 스피노자가 학자로서 자신의 이름을 알리게 된 것이 데카르트의 철학을 해설한 책이라는 사실에 주목할 필요가 있다. 당시의 지식인들 사이에서 최대 관심사는 바로 데카르트의 철학이었다. 이미 1650년에 죽은 데카르트의 철학은 유럽의 지식인 세계를 뒤흔들었고, 신학자들과 철학자들은 찬반 여부를 떠나 여전히 그의 철학과 씨름하고 있었다. 20세기의 포스트모더니즘이 지지자에게나 반대자에게나 모두 필수 지식으로 여겨졌던 것처럼, 17세기의 학자들에게 데카르트의 철학은 그에 대한 지지 여부를 떠나 그것을 알지 못하면 지적 대화의 장에 들어갈 수 없는 필수 지식이었다.

그런 때에 직업상의 공무에 많은 시간을 빼앗겨서 충분히 독서할 시간을 갖지 못했던 로크는 이 새로운 철학에 목말라 있었다. 1675년 11월에 드디어 공무에서 벗어나게 되자, 그는 프랑스로 여행을 떠났고 그곳에서 충분한 시간을 학문에 투자했다. 이때부터 쓰기 시작한 그의 일기는 그가 이 시기에 얼마나 시간을 질적으로 밀도 높게 사용했으며 정신적 활동을 왕성하게 했는지를 보여준다. 프랑스에 머무르는 동안 로크는 신교도 물리학자들을 만났으며 철학적 탐구를 재개하여 데카르트 철학을 공부했다.

1679년 5월, 로크는 3년 반 동안의 프랑스 여행을 마치고 잉글랜드로 돌아왔다. 그러나 잉글랜드의 정세는 프랑스에서 누렸던 정신적 여유와는 너무도 다르게 돌아가고 있었다. 이른바 배척법Exclusion Bill을 둘러싼 위기의 시대였던 것이다.

여기서 잠시 잉글랜드 국교회의 성립과 관련한 역사를 짧게 언급할 필요가 있겠다. 영화와 드라마 등의 소재로 빈번하게 이용되어서 널리 알려져 있는 잉글랜드의 국왕 헨리 8세Henry VIII, 1491~1547의 이야기이다. 기독교 개혁운동 시기에 잉글랜드를 다스린 헨리 8세는 처음에는 독실한 가톨릭 신자로서 마르틴 루터를 비판하는 글을 써서 교황의 칭찬을 받기도 한 인물이다. 그런 그가 부인과 헤어지고 다른 여자와 결혼하기를 원하면서 정치적·종교적인 문제가 발생하게 되었다. 교황이 이혼을 허락하지 않았기 때문이기도 하고, 당시 왕족의 결혼이란 국가 간의 동맹 체결을 의미했기 때문이다. 끝내 교황의 허락 없이 이혼한 헨리 8세는 이를 계기로 가톨릭교회와 결별했고 자신을 잉글랜드 국교회의 수장으로 선언했다. 이것이 1534년에 선포된 수장령Acts of Supremacy의 배경이다. 이로써 잉글랜드 국교회가 성립되었다.

찰스 1세Charles I, 1600~1649를 결국 죽게 만든 내전의 배경에도 이 국교회가 있었다. 국왕 찰스 1세의 부인인 앙리에

타 마리Henriette Marie de France는 가톨릭 국가인 프랑스 출신이었는데, 그가 왕궁 안에서 왕위 계승자인 (훗날 왕정복고 후에 왕이 되는) 아들 찰스와 가톨릭교회 방식으로 예배하자 국교도와 청교도가 강하게 반발했다. 결국 전쟁을 통해 국교회 우위가 재확인되었다. 이 국교회는 이후 크롬웰의 지배하에서 청도교의 강력한 개혁 요구에 시달리기는 했어도 근본적으로 부정되지 않았다. 그러나 왕을 정치적 수장이자 동시에 교회의 머리가 되도록 하는 이 국교회 제도는 이전에 벌어진 내전과 이후에 벌어질 정치적·종교적 갈등의 싹을 내포하고 있었다. 국교도가 아닌 사람이 왕이 되는 경우에 그가 수호할 교회는 국교회가 아니게 될 것이기 때문이다.

잉글랜드에서는 1660년에 찰스 2세의 즉위와 함께 왕정이 회복되었다. 그런데 의회는 잉글랜드의 국왕이 잉글랜드 국교회의 수장이므로 국교도가 아닌 사람을 왕위 계승에서 배제해야 한다고 주장했다. 이를 위해 의회는 1673년에 새로운 심사법Test Act을 제정하여 모든 공무 담임자가 국교도여야 함을 명시했다. 그런데 왕의 동생이자 왕위 계승자인 요크 공 제임스James Duke of York가 심사법에 따라

선서하기를 거부한 것이다. 이로써 그는 자신이 가톨릭 신
자임을 암묵적으로 선언한 셈이었다. 내전이 벌어졌을 때
가톨릭교도인 어머니와 함께 프랑스로 건너가 가톨릭 방
식으로 교육받은 제임스에게는 어떻게 보면 당연한 일이
었는지도 모른다. 그러나 이에 따라 가톨릭교도를 왕위 계
승에서 원천적으로 배제하는 배척법이 제출되었고, 이를
둘러싸고 잉글랜드 의회는 찬반양론으로 나뉘게 되었다.
때마침 제임스의 비서인 에드워드 콜먼Edward Coleman이 후
일 날조된 것으로 드러난 교황파 음모Popish Plot, 1678의 주
범 티투스 오츠Titus Oates에 의해 왕국 전복 음모에 가담한
사람으로 지목되었다. 가뜩이나 프랑스 루이 14세의 가톨
릭 절대주의를 두려워하고 있던 잉글랜드인들은 배척법이
라는 헌법적 수단을 이용해 찰스 2세의 동생 제임스를 왕
위 계승에서 배제하려고 했다. 이 시도를 둘러싼 정치적
갈등이 바로 '배척법 위기'이다. 또 한 번의 내전이 벌어질
것만 같은 상황이 발생한 것이다.

　1679년부터 1683년까지 섀프츠베리 백작과 그의 당파는
헌법적 수단을 이용해 제임스를 왕좌에서 배제하려고 했
다. 배척법은 1679년 5월과 1680년 11월에 하원을 통과했

지만 첫 번째 시도는 왕이 의회를 해산시켜서, 두 번째 시도는 상원에서 법안이 거부되어서 무산되었다. 1681년 3월에 의회가 옥스퍼드에서 열렸지만, 세 번째 배척법안이 하원을 통과하기 전에 의회가 또다시 해산되었다. 찰스 2세와 섀프츠베리의 대립은 심해졌고, 마침내 찰스가 섀프츠베리를 반역죄로 기소하려고 하자 1682년 9월 섀프츠베리는 잠적했다. 그해 11월 네덜란드로 망명한 섀프츠베리는 몇 달 후 그곳에서 망명객으로서 쓸쓸하게 생을 마감했다.

이 일로 인해 휘그Whig는 섀프츠베리를 지지하는 급진파와 중도파로 분열되었는데, 남은 급진파 휘그당원들이 찰스와 제임스를 암살하려는 음모를 꾸미다가 발각되었다. 1683년 6월 21일 이들에 대한 체포가 시작되었고, 음모에 어느 정도 가담했는지 불분명하지만 로크 또한 위험에 빠졌다. 체포가 시작되기 일주일 전 로크는 런던을 빠져나와 두 달간 잉글랜드 남서부의 웨스트컨트리에서 머물다가 모든 일을 정리하고 돈을 마련하여 잉글랜드를 떠났다.

어떻게 도망쳤는지는 알려져 있지 않지만, 1683년 9월 7일 그는 네덜란드 로테르담에 있었다. 나이 50이 넘어 갑작스럽게 외국에서 망명 생활을 해야 하는 처지가 된 것이

다. 그가 다시 잉글랜드로 돌아온 것은 그로부터 5년 반의
세월이 지난 1689년 2월이었다.

망명객 로크와 명예혁명

그 사이에 로크는 네덜란드에서 무엇을 했을까? 네덜란
드에서도 로크는 예전처럼 의학을 비롯한 다양한 분야에
관심을 가졌지만, 이제는 무엇보다도 철학 연구와 집필 작
업에 매진했다. 로크가 네덜란드에 왔을 때 동갑내기 철
학자 스피노자는 이미 죽은 후였다. 그래서 두 사람 사이
의 직접적인 만남은 이루어진 적이 없지만, 오늘날의 학자
들은 로크가 책을 통해 간접적으로 스피노자의 영향을 강
하게 받았을 것이라고 추측한다. 그러나 '스피노자'라는
이름은 그가 살아 있었을 때에도 죽은 후에도 '무신론자'
와 동일하게 여겨졌고, 그 이름과 엮이는 것은 신·구교를
막론하고 기독교 세계에서 지극히 위험한 일이었다. 그래
서 로크는 스피노자의 영향이 드러나는 자신의 생각을 매
우 조심스럽게 표현했고, '위장한 스피노자주의자disguised

Spinozist'라는 평가도 받는다.

아마도 로크는 1683년에서 1684년으로 이어지는 겨울, 그리고 1684년 가을과 1685년 봄에 《인간지성론》*Essay on Human Understanding*을 집필하여 1686년 말쯤에 오늘날 전해지는 모습으로 그 책을 완성했을 것이다. 로크는 《인간지성론》을 집필하던 도중에 잠시 짧은 글을 쓰기 위해 작업을 중단했다. 림보르흐^{Philippus van Limborch}와 끌레르^{Jean le Clerc}에 따르면 로크는 1685년에서 1686년으로 이어지는 겨울에 암스테르담에서 《관용에 관한 편지》*Epistola de Tolerantia*를 집필했다. 로크는 오래전부터 잉글랜드의 정치적 맥락 속에서 관용의 문제에 관심을 가져왔고 몇 편의 논문도 썼다. 그러나 로크가 망명 중인 네덜란드에서 이 문제에 관해 라틴어로 직접 글을 쓰게 된 계기는 아마도 1685년 10월 '태양왕' 루이 14세^{Louis XIV, 1638~1715}의 낭트 칙령 폐지였을 것이다.

영화 〈여왕 마고〉에 등장하는, 나바르의 왕이자 부르봉 왕조 최초의 프랑스 왕 앙리 4세^{Henri IV}는 1598년 4월에 낭트에서 프랑스의 신교도들에게 종교의 자유를 허용하는 칙령을 공포했다. 이 칙령을 통해 신교도들은, 비록 신교

지역에서도 가톨릭이 회복됨으로써 신교가 더 확장되는 것이 불가능해지기는 했지만, 파리를 제외한 지역에서 자신들의 방식으로 예배할 수 있게 되었다. 그런데 이 칙령을 1685년 10월 루이 14세가 완전히 철폐한 것이다. 루이 14세는 신교 국가 전체를 적으로 삼았으며, 국내의 신교도들을 강제로 개종시키려고 했다. 낭트 칙령의 철폐와 함께 프랑스 신교도의 모든 종교적 자유는 물론이고 정치적 자유도 함께 박탈되었다. 박해가 뒤따르자 40만 명 이상의 '위그노Huguenot'라 불리는 프랑스 신교도들은 잉글랜드, 프로이센, 네덜란드, 미국 등으로 신앙의 자유를 찾아 떠났다. 그래서 1685년을 전후로 하여 유럽에서 지식인들 사이에 종교적 관용에 관한 논쟁이 벌어졌고, 로크 역시《관용에 관한 편지》를 통해 자신의 입장을 개진한 것이다.

로크는 환갑을 바라보는 나이에 명예혁명과 함께 잉글랜드로 돌아왔다. 로크는 네덜란드로 망명을 떠나기 전에 집필한《통치론》에서 이미 훗날 명예혁명을 통해 비로소 현실이 되는 입법부 우위의 원칙을 정치철학적으로 뒷받침했다. '명예혁명Glorious Revolution'이라는 이름은 1688년 제임스 2세가 아들을 가지게 되자 가톨릭 군주의 지배가 이어질 것을 두려워한 의회가 신교 군주인 네덜란드 오라네 가문의 빌럼Wilem에게 잉글랜드를 공격해줄 것을 요청하였고, 이 요청을 빌럼이 받아들이자 제임스 2세가 겁에 질려 도망침으로써 피 한 방울도 흘리지 않고 혁명이 이루어졌다고 해서 붙여진 것이다.

그런데 이 빌럼은 찰스 1세의 손자이고, 제임스 2세의 조카이자 사위이다. 그러니까 제임스 2세는 자신의 조카와 딸에 의해 퇴위된 셈이다(52쪽 그림 참조). 그런 의미에서 소극적으로 평가하면, 명예혁명은 잉글랜드의 왕을 바꾼 것이었을 뿐 왕정을 폐지한 것도 아니었고 왕가를 바꾼 것도 아니었다. 그저 가톨릭 군주를 신교 군주로 바꾼 것뿐이었다. 그러나 적극적으로 평가하면, 명예혁명은 이후의 역사적 전개를 예고한 사건이었고 잉글랜드 특유의 보수적 변화를 모범적으로 보여준 사건이었다. 그래서 '보수주의의 아버지'라고 불리는 에드먼드 버크Edmund Burke, 1729~1797도, 물론 프랑스혁명에 대한 반응으로서, 명예혁명의 원리를 옹호했다.

이후로도 100년 이상 이전과 같은 형태의 군주 지배는 이어졌지만, 명예혁명을 계기로 잉글랜드에서는 입법부 중심

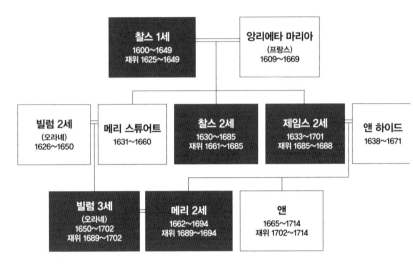

[그림 2] 17세기 잉글랜드 왕실 관계도

의 정치 형태가 서서히 자리를 잡아가게 되었다. 로크 또한 명예혁명을 계기로 고국으로의 귀환이 가능해지자 1689년 2월 메리 2세와 함께 배를 타고 잉글랜드로 돌아왔다.

귀국 후 몇 달 동안 로크는 그동안 집필한 글들을 출판하기 위한 작업에 매달렸다. 《통치론》을 포함한 여러 원고들이 잉글랜드에 남아 있었는데, 〈제1론〉의 상당 부분은 소실되어 있었다. 로크는 소실된 부분을 억지로 복원하려고 하지 않았고, 그저 바뀐 실정에 맞게 부분적으로 내용을 추가하여 1689년 8월에 익명으로 《통치론》을 출간했다. 귀국 후의 로크에게 관용은 이제 주된 관심사가 아니었다. 그래서 로크는 망명 시절에 쓴 《관용에 관한 편지》를 굳이 영어로 옮겨 출간할 필요를 느끼지 못했다.

그러나 잉글랜드의 당시 맥락 속에서 종교적 관용을 절실하게 필요로 한 유니테리언Unitarian[2] 윌리엄 포플William Popple에게는 그렇지 않았다. 모든 종파의 완전한 종교적 자유를 원했던 포플은 로크의 《관용에 관한 편지》를 번역해 선전용 책자로 이용하려고 했다. 그래서 포플은 로크의 허락 없이 《관용에 관한 편지》를 영어로 옮겨 1689년에 출간했다. 로크는 이 사실을 알고 있었지만 자신이 그 글의 저자임을 드러내고 싶지 않았기 때문에 그냥 묵인했다.

1689년 6월 6일, 로크는 네덜란드에 있는 친구 림보르흐에게 그를 명목상의 수신자로 삼고 있는 《관용에 관한 편지》가 영어로 번역되었음을 알리면서 한 달 전에 상하 양

---

2 유니테리언은 삼위일체 교리를 부정하고 신성의 단일성을 믿는 기독교의 한 종파이다.

원에서 통과된 관용법Toleration Act에 의해 잉글랜드에서, "당신이나 비슷한 종파의 사람들이 원한 정도로 폭넓은 것은 아니겠지만," 관용이 이미 정착했다고 적었다. 로크는 이 법이 자유와 평화의 기초가 될 것이라고 기대했다. 그러나 이 관용법의 혜택을 가톨릭교도와 유니테리언, 유대인과 무신론자는 받을 수 없었다. 포플도 마찬가지로 그것에 만족할 수 없었다. 포플의 입장은《관용에 관한 편지》의 영역판에 붙인 그의 짧은 서문에 나타나 있다. 어쨌거나《관용에 관한 편지》는 1689년 10월 3일에 출판이 허가되어 늦가을부터 판매되기 시작했는데, 몇 달 후에 제2판을 찍을 정도로 잘 팔렸다. 같은 해 12월에는《인간지성론》도 출판되었다.

《관용에 관한 편지》는 곧바로 논쟁을 불러일으켰다. 옥스퍼드의 성직자 프로스트Jonas Proast가 1690년 4월 이 책을 비판하는 글을 발표했다. 1690년 여름 로크는 짧게《관용에 관한 두 번째 편지》Second Letter concerning Toleration로 그에게 답했다. 계속해서 익명으로 남기 위해 로크는 '박애주의자Philanthropus'라는 가명을 사용했다. 1691년 2월 프로스트는 다시 로크를 비판했고, 이에 자극 받은 로크는

1692년 6월에 완성하여 11월에 공개한 장문의《관용을 옹호하는 세 번째 편지》*Third Letter for Toleration*로 다시 한 번 자신의 주장을 정당화했다. 프로스트는 이제 더 반론을 제기하지 않았고, 논쟁은 중지되었다.

이 논쟁 후 로크는 덜 논쟁적인 작업에 관심을 기울였다. 1693년 7월에 로크는《교육에 관한 몇 가지 생각》*Some Thoughts concerning Education*을 출간했다. 이 책은 망명 시절 네덜란드에서 그의 친구 에드워드 클라크Edward Clarke에게 보낸 편지에 바탕을 둔 것이었다. 정확히 2년 후 이 책의 새 판이 나왔다. 꾸준히 책이 팔렸다는 뜻이다. 이 책은《인간지성론》을 낸 후 로크가 자신의 이름을 달고 출간한 첫 번째 책이었다. 이로써 그의 명성은 더욱 높아졌다.

1694년 5월에는《인간지성론》의 제2판이 출간되었다. 1695년 8월, 로크는 온전히 잉글랜드로 귀국한 후에 집필한 책,《기독교의 합리성》*The Reasonableness of Christianity*을 출간했다. 이 책은《관용에 관한 편지》와 마찬가지로 다시 익명으로 출간되었고, 발간 즉시 논쟁을 불러일으켰다. 많은 독자들에게는 로크의 기독교 개념 자체가 참을 수 없을 정도로 묽어 보였던 것이다.

1695년 9월 로크는 뉴턴Isaac Newton과 렌Christopher Wren[3] 같은 사람들과 함께 정부 자문 위원으로 위촉되었고, 1696년 5월부터 4년 동안 '무역과 식민을 위한 위원회the Council for Trade and Plantations' 위원으로 지명되어 일했다. 정부를 위해 일하는 동안 그는 더 많이 일해야 했고, 원치 않게 런던에서 살아야 했지만, 그만큼 많은 경제적 보상을 받았다. 무역 위원회에서 일하면서도 로크는 틈틈이 워체스터 주교 에드워드 스틸링플리트Edward Stillingfleet와 논쟁해야 했다. 스틸링플리트는 영국 국교회에서 매우 유능한 인물로 여겨졌기 때문에 로크도 그의 비판을 쉽게 무시할 수 없었다. 《인간지성론》이 출간되자마자 그 책을 읽은 스틸링플리트는 처음에는 그 책에서 기독교 교리에 해로운 그 어떤 것도 보지 못했지만, 영국의 소치누스파Socinian[4]인 존 톨란드John Toland가 로크의 인식론에 근거해 기독교의 '신비'를

---

3 크리스토퍼 렌(1632~1723)은 영국의 과학자이자 건축가이다. 1666년에 일어난 대화재 사건 후 런던에 50여 개의 예배당 건물을 다시 세우는 일을 맡아 추진했다. 세인트폴 대성당이 그의 대표적인 작품이다.

4 소치누스파는 예수를 신의 계시로는 보지만 직무상 신적인 존재일 뿐, 그 본성은 신이 아닌 사람이라고 주장하면서 삼위일체를 부정하는 종파이다. 16세기에 이탈리아에서 시작되어 폴란드에서 번성했다.

부정하자, 톨란드에 대한 비판의 칼날이 로크에게까지 향하게 되었다.

스틸링플리트의 비판 때문이었는지는 정확히 알 수 없지만, 1700년 6월에 로크는 무역 위원회 위원직을 사임했다. 그리고 생의 마지막 4년을 조용히 보냈다. 런던 방문도 전보다 덜 잦았고 그 기간도 더 짧았다. 로크는 1699년 12월 《인간지성론》 제4판을 출간한 후 아무것도 세상에 내어놓지 않았다. 이후 《인간지성론》에 추가된 내용은 유고로 출간된 제5판에 포함되었다.

이제 로크는 전보다 덜 바빴지만, 건강이 허락하는 한에서 결코 게으르지 않게 그의 마지막 대기획인 〈바울 서신〉에 대한 주석 작업에 매진했다. 그는 오래도록 성서 비평에 관심을 가져왔다. 1660년대 초부터 로크는 〈바울 서신〉의 개별 구절들에 꾸준히 주석을 달아왔다. 이 책에서 드러나는 로크의 신학적 입장은 반反삼위일체주의이다.

소치누스파의 문헌을 폭넓게 읽기는 했지만 그가 순수한 소치누스파였던 것으로 보이지는 않으며, 오히려 아리우스파Arianism[5]에 가까운 입장을 취했던 것으로 보인다고 연구자들은 평가한다. 이 책은 로크의 초기 저작들에서 드러나는 기독교적 어휘들이 결코 그저 신실한 척하기 위한 위장이거나 이미 근본적으로는 세속화했지만 그 사실을 아직 인정하지 못하는 마음속의 종교적 잔재 정도로 낮춰 해석할 수 없게끔 한다. 이 책은 그가 마음 깊숙이 종교적이었음을 보여준다. 그러나 이 주석서를 3개월 간격으로 출간하려던 그의 계획은 무산되었고, 책 전체는 그의 사후 1705년과 1707년 사이에 그의 유언 집행자에 의해 출간되었다.[6] 《기적에 대한 논고》*Discourse of Miracles*(1702)와 미완성으로 남은 《관용에 관한 네 번째 편지》*Fourth Letter on Toleration*도 유고로 출간되었다.

로크의 건강은 오랫동안 좋지 않았다. 그는 천식을 앓았으며, 런던에서 정치적으로 생활할 때의 흡연으로 인해 더욱 나빠졌다. 1698년 1월의 몹시 추운 날씨 속에 윌리엄 3세가 로크를 켄싱턴 궁으로 불렀는데, 그의 추측에 따르

---

5 아리우스파는 4세기에 예수의 신성을 부인한 알렉산드리아 교회의 사제 아리우스를 따르는 무리를 일컫는다.

6 《사도 바울의 서한에 대한 주해》*A paraphrase and notes on the Epistles of St. Paul to the Galatians, 1 and 2 Corinthians, Romans, Ephesians*.

면 그때의 여행이 그를 거의 죽였고, 이후 그의 건강은 회복되지 않았다. 생의 마지막 겨울을 로크는 가능한 대로 실내에서 자신의 기력을 보전하려고 노력하면서, 그리고 따뜻한 날씨가 자신의 몸 상태를 일시적으로나마 조금 더 낫게 해주길 기대하면서 화롯불 옆에서 보냈다.

1704년 봄과 여름 동안에도 겨울의 우환은 지속되었고, 로크는 자신이 오래 살지 못할 것임을 예감했다. 평생을 독신으로 지낸 로크는 1704년 4월 그의 소유지 대부분을 둘째 조카 피터 킹Peter King에게 준다는 유언장을 작성했다. 여름 동안 그는 점점 더 약해졌다. 전에는 말 타는 것을 즐겼지만 이제는 그것마저도 할 수 없게 되었다. 그 대신에 특별히 고안하여 제작한 마차를 타고 다녔다. 10월경에는 이마저도 하기 어려울 만큼 쇠약해져서 그저 가을 햇볕을 쬐기 위해 정원으로 들려 나가 앉아 있는 것밖에 할 수 없었다. 그러나 그의 정신만은 여전히 맑고 능동적이었다.

로크는 9월에 자신이《통치론》의 저자임을 공식적으로 처음 인정하는 내용을 유언장에 덧붙였다. 그리고 한 달 뒤 조카 피터에게《사도 바울의 서한에 대한 주해》와《지성의 안내》Conduct of the Understanding의 출판을 요청하는, 그리고《말브랑슈에 대한 연구》*Examination of Malebranche*와《기적에 대한 논고》의 출판을 그의 판단에 맡긴다는 내용의 편지를 썼다. 이 편지를 쓸 때 그는 자신의 인생에 겨우 3일만을 남겨두고 있었다. 그의 다리는 부어올랐고, 일어설 수 없을 정도로 약해졌다. 1704년 10월 28일 오후 3시 로크는 평생의 벗 매섬 부인^{Lady Masham}[7]이 읽어주는 〈시편〉을 들으며 죽었다. 3일 후 그는 하이 라버^{High Laver} 교구교회의 부속 묘지에 묻혔다. 그의 무덤은 여전히 그곳에 남아 있다.

---

7 케임브리지의 저명한 플라톤주의자 랄프 커드워스(Ralph Cudworth)의 딸인 다마리스 매섬(Damaris Masham, 1658~1708)은 잉글랜드의 초기 여성 철학자 가운데 한 명이다.《신의 사랑에 관하여》*A Discourse Concerning the Love of God*(1696)와《덕스러운 그리스도인의 삶에 관한 예비적 고찰》*Occasional Thoughts in Reference to a Vertuous and Christian Life*(1705)을 썼고, 로크와 라이프니츠를 비롯해 당대의 유명한 학자들과 주고받은 많은 편지를 남겼다. 1685년 프란시스 매섬(Francis Masham) 경과 결혼한 그녀는 에식스에 있는 자신의 집에서 말년의 로크를 돌보았다.

3장   《통치론》의 정치사상사적 맥락과 의미

로크의 이른바 '자유주의' 정치사상에 대한 해석은 그동안 서구에서나 한국에서 모두 조금씩 변해왔다. 휘그 사관의 영향 아래 그의 정치사상은 한동안 명예혁명을 정당화하는 이데올로기로 이해되어왔다. 인민의 동의에 의한 정부 관념이나 신민의 저항권에 관한 생각이 주목받았던 것은 바로 이런 해석사적 맥락 속에서였다.

17세기 영국의 역사적 맥락에 대한 이해가 깊어지고 문헌적 증거들이 발견되면서 로크의 정치사상은 배척법 위기나 로버트 필머와의 연관 속에서 재해석되기 시작했다. 그러나 여전히 로크의 정치사상은 현대적 관점에서 다소 부당하게 오해되고 있다. 자본주의적 발전과의 연관 속에서 그의 자유주의적 정치사상이 사적 소유권과 자유 시장을 옹호하는 자본주의적 이데올로기로 오해되는가 하면, 자유주의와 공동체주의 간의 현대적 논쟁 구도 속에서 원자적 개인주의에 기초를 둔 자유주의의 원형으로 간주되기도 한다.

　최근에는 로크의 정치사상을 현대의 정치철학적 논쟁 구도에서 벗어나 더 넓은 사상사적 맥락 속에서 재해석하려는 경향이 나타나고 있다. 필머에 대한 로크의 비판 속에서 전통적인 '권력 유비', 즉 '가정에서의 권력^{domestic power}'과 '국가에서의 권력^{political power}'을 유비적으로 파악하는 오래된 관념에 대한 비판적 시각을 발견하고, 그것을 아리스토텔레스주의의 영향으로 해석하는 것이다(여기에서 '유비類比'란 다만 크기를 달리하여 닮은 것을 뜻한다). 이 책 역시 이런 재해석 경향 속에서 로크의《통치론》을 필머의 권력 유비에 대한 비판으로 이해하며, 그런 이해 속에서 로크의 자유주의를 상이한 권력 관계를 구별하려는 시도로 해석한다.

　가족과 국가를 비교하고 각각의 영역에서 작동하는 권력의 성격을 비교하는 일은 일찍이 플라톤과 아리스토텔레스에 의해 이루어졌고, 그들의 영향을 받은 중세 유럽의 신학자들과 근대 초기의 여러 학자들에 의해서도 이루어졌다. 국가와 가족을 구분하고 오직 국가만을 정치적 공간으로 이해한 아리스토텔레스와 달리, 아리스토텔레스의 기독교인 제자들은 국가와 가족을 일정한 유비적 관계 속에서 이해하면서 때로는 동일시하기까지 했다. 16~17세기에 영국에서 가족과 국가는, 이념형적으로 구분했을 때, 대략 세 가지 방식으로 이해되었다. 첫째로 기독교적 플라톤주의의 영향을 받아 형이상학적 우주론 속에서 위계적으로 이해되었고, 둘째로 기독교적 아리스토텔레스주의의 영향을 받아 유기체적으로 이해되었으며, 셋째로 가족과 국가는 사실상 동일한 것으로, 즉 국가는 하나의 대가족으로, 그리고 국왕은 그 대가족의 아버지로 이해되었다.

이 세 번째 이해 방식은 17세기 잉글랜드에서 서로 다른 정치적 견해를 지닌 사람들에 의해 매우 폭넓게 받아들여졌는데, 《통치론》에서 드러나는 로크의 정치사상은 이 세 번째 이해 방식과 매우 밀접하게 관련되어 있다.

필머에 대한 로크의 비판, 또는 로크와 필머 간의 논쟁은 상당히 긴 사상사적 배경을 가지고 있다. 그것은 가족과 국가 또는 오이코스oikos와 폴리스polis라는 인간의 삶에서 매우 중요한 두 개의 공간이 어떤 관계를 맺고 있는가, 그리고 그 두 영역에서 작동하는 권력이 본질적으로 같은 것인가 아니면 다른 것인가에 관한 논쟁이다. 일찍이 플라톤은 《정치가》에서 정치가, 왕도적 치자, 집주인, 그리고 가장家長을 하나의 이름으로 통합하여 부를 수 있는지, 아니면 각각이 서로 다른 이름만큼 다른 고유한 기술을 가진 별개의 존재인지를 묻는 질문에 다음과 같이 답했다.

> 큰 집의 형태나 작은 나라의 규모는 통치와 관련해 아무런 차이도 없지 않은가? (…) 분명한 사실은 이 모든 것과 관련된 하나의 지식이 있다는 것이네. 이 지식을 누군가 왕도적 치술이라 부르건 아니면 가장술家長術이라고 부르건, 우리는 그 명칭에 대해서는 조금도 이견을 보이지 않을 걸세. (258e~259c)

잘 다스리는 것의 본질에 관심을 두었던 플라톤은 가정을 다스리는 가장의 기술과 국가를 다스리는 왕의 기술에 본질적 차이가 없다고 생각했다. 그러나 그의 제자 아리스토텔레스는《정치학》에서 다음과 같이 스승을 비판했다.

> 정치가, 왕, 가사 관리인, 몇몇 노예들의 주인의 역할이 같다고 생각하는 이들이 있는데 이는 잘못된 생각이다. 그들의 주장에 의하면, 이들 사이에는 피치자의 수가 많고 적음의 차이가 있을 뿐 본질적인 차이가 없으며, 따라서 적은 사람들을 지배

하면 몇몇 노예들의 주인이고, 더 많은 사람들을 지배하면 가사 관리인이고, 그보다 더 많은 사람들을 지배하면 정치가 또는 왕이라는 것이다. 마치 큰 집과 작은 국가 사이에는 아무런 차이도 없다는 듯 말이다. (…) 그러나 이것은 사실이 아니다. (…) 주인의 지배와 정치가의 지배는 서로 다르며, 어떤 사람들이 말하듯 모든 종류의 지배가 서로 같은 것이 아님은 분명하다. 정치가는 타고난 자유민을, 주인은 타고난 노예들을 지배하기 때문이다. 그리고 가정에서의 지배는 독재적이다. 각각의 집을 한 사람이 지배하기 때문이다. 반면 정치가는 자유민과 동등한 자들을 지배한다. (1252a, 1255b)

아리스토텔레스는 열등한 자에 대한 '전제적' 지배와 평등한 자에 대한 '정치적' 지배를 구분했고, 평등한 자들 사이의 정치는 오로지 폴리스, 곧 국가에서만 이루어질 수 있다고 생각했다(누가 과연 열등한 자인지, 그런 우열의 구분이 과연 정당한지는 일단 논외로 하자). 물론 아리스토텔레스는 폴리스가 인간의 자족적 삶을 가능케 하는 공동체의 완성된 형태라는 점에서 다른 공동체들을 그 안에 유기적으로 통합하고 있다고 생각했지만, 전제專制와 정치政治를, 오이코스와 폴리스를 분명히 구분했다.

중세에 아리스토텔레스를 수용한 토마스 아퀴나스^{Thom-}as Aquinas, 1225~1274는 기독교적 시각에서 아리스토텔레스의 정치관에 수정을 가했고, 동시에 아리스토텔레스적 시각에서 기독교의 전통적 정치관에도 수정을 가했다. 토마스는 한편으로 아우구스티누스 이래 부정적인 것으로 간주되어온 '지상의 국가^{civitas terrena}'에서의 동등한 자들에 대한 지배 자체를 아리스토텔레스의 정치관을 이용해 정상화했고, 다른 한편으로 인간의 근원적 평등에 대한 기독교적 확신을 가지고서 가정^{오이코스} 내에서 행해지는 '열등한 자들'에 대한 지배를 비판했다. 그러면서 토마스는 아리스토텔레스의 전제와 정치의 구분, 가정과 국가의 구분을 벗어났다. 토마스는 아리스토텔레스의 '유비^{analogia}' 개념을 이용해 신이 창조하고 다스리는 우주적 질서와 그 속에서 나름대로 자율적으로 움직이는 자연적 질서, 인간들의 정치적 질서, 가족적 질서, 그리고 심지어 인간 개체의 내적 질서가 유비적으로 닮아 있다고 설명했다. 그리고 이 질서들 속에 '통치^{regimen}'의 단일성이라는 형이상학적 원리가 일관되게 표현되어 있다고 주장했다.

이로써 토마스는 가정이나 국가가 규모의 측면에서만 다를 뿐이지 통치의 단일성이라는 측면에서 동일하다고 하는, 그리 플라톤적이지는 않지만, 다분히 반反아리스토텔레스적인 생각을 도입했다.

기독교 개혁운동Reformation과 가톨릭교회의 대응 개혁운동Counter-Reformation이 맞부딪히는 상황에서, 그리고 개혁 열풍에 기대어 교황의 영향에서 벗어나려는 왕권주의자들과 교황의 수위권首位權을 유지하려는 교황주의자들이 이론적으로 대결하는 상황에서 스페인의 예수회 철학자 수아레스Francisco Suárez, 1548~1617는 토마스의 논의를 계승하여 발전시켰다. 수아레스도 토마스와 마찬가지로 개인과 가족과 국가를 유비적으로 파악했지만, 그가 특히 관심을 기울인 것은 권력의 기원과 소재였다. 그는 권력이 결코 동의에서 비롯하지 않는다고 생각했다. 자기 자신에 대한 권력이 신체의 각 부분들의 동의에 의존하지 않듯이, 가정에 대한 권력이나 국가에 대한 권력 역시 그 부분들의 동의에 의존하지 않는다는 것이다. 또한 그는 전체를 구성하는 부분들이 전체에 대한 권력을 가지지 않는다고 생각했다.

그의 주장의 핵심은 동의가 공동체를 창조할지는 몰라

도 권력을 창조하지는 않는다는 것이었다. 인간의 신체이
건, 가정의 신체이건, 국가의 신체이건 간에 일단 이 신체
가 형성되면 그 신체의 권력은 지체 없이 자연적 이성의
힘에 의해 존재하게 된다는 것이다. 비록 권력을 가장이나
국왕의 소유물로 인정하지는 않았지만, 수아레스는 국가
를 가족과의 유비 속에서 파악함으로써 결과적으로 국가
에 가족의 관념을 투영했고 국왕에게 가장의 역할을 요구
했다. 이는 또한 역사적으로 가족이 확장하여 국가가 되었
다고 하는 생각과도 관련되는데, 수아레스는 이 과정에서
가족의 어떤 핵심 요소가 국가에서도 사라지지 않고 남았
으므로 재발견될 수 있다고 생각했다. 그것은 바로 아버지
의 자연적 권위와 자식에 대한 아버지의 자비로운 관심이
었다. 이것이 정치적인 형태로 재발견되어야 했음은 물론
이다. 이와 함께 신민은 자식으로서의 귀여운 무능력과 부
모에 대한 의존성을 지닌 존재로 여겨지게 되었다.

　많은 가톨릭 아리스토텔레스주의자들은 토마스를 따
라 정치의 자연성과 정치권력의 자연성을 옹호했다. 그래
서 어떤 이들은 교황주의자들과 다르게 심지어 교황이 왕
에게 기름을 붓는 것이 성사聖事, sacramentum로서의 가치를

지닌다는 것을 부정하기도 했다. 그러나 그런 생각의 합리성은 제한적이었다. 왜냐하면 가족적 유비 속에서 신민은 여전히 왕의 지위만 '합리적으로' 두려워하는 것이 아니라 아버지 같은 왕의 인격도 '정서적으로' 두려워할 것이며, 왕의 입법 행위는 자연법에 대한 합리적 탐구 행위가 아니라 아버지로서 자녀들을 보살피는 일이 되기 때문이다. 정치사회가 진정한 하나의 가족으로 간주되었을 때 주권자의 의지는 아버지의 지혜가 되었고 신민의 복종은 자식의 겸손이 되었다.

가족과 국가를 유비적으로 이해하는 것은 불가피하게 순환론적 특성을 띤다. 가족에 대한 이해에 의해 국가에 대한 이해가 역으로 규정되기 때문이다. 16세기 후반과 17세기 초반에는 국가에 대한 매우 다른 시각이 가족에 대한 매우 다른 시각에 상응해 등장했다. 그 기원은 프랑스의 법학자 장 보댕Jean Bodin, 1530~1596이었다. 보댕은 고대 로마의 '가장pater familias' 관념을 부활시켰다. 이 관념 속에서 자녀에 대한 아버지의 사랑과 보살핌은 사라지고 법적 주권이 그 자리를 대신했다. 보댕은 국가에서 아버지를 찾는 대신에 가정에서 주권자를 발견했다. 보댕은《국가론》

(1576)에서 국가를 "다수의 가족과 그들의 공유물로 이루어진, 주권에 의한 정당한 통치"라고 정의했다. 그리고 가족을 "모든 국가의 기원이자 진정한 원천이며 근본적인 구성 요소"라고 주장했다.

구교도와 신교도 간의 피 튀기는 싸움을 지켜본 보댕의 정치 이론적 근심거리는 다른 무엇보다 기독교 개혁 사상 속의 개인주의적 경향이었다. 그런 보댕에게 국가는 아리스토텔레스가 생각한 대로 '위대한 전체'인 우주 안에서 자연스러운 것이었으며, 마찬가지로 자연스러운 가족들로 구성된 것이었다. 출생과 사랑이 폴리스와는 다른 오이코스의 차이를 만든다는 것을 인정하면서도, 보댕은 아리스토텔레스가 오이코스와 폴리스를 마치 질적으로 다른 것처럼 잘못 구분했다고 비판했다. 그는 잘 조직된 가정이 오히려 국가의 진정한 표상이며, 가정 안에서의 가장의 권위가 국가 안에서의 주권자의 권위와 비교될 수 있다고 생각했다. 또한 이런 동일화 논리는 보댕으로 하여금 왕이 소유하고 있는 것과 같은 생사여탈의 권한을 아버지에게 부여하도록 했다. 보댕은 부당한 강제에 맞서 자신을 방어할 권리와 저항할 권리를 신민에게 인정하지 않았던 것처럼 자식에게도 마찬가지로 인정하지 않았다. 가족과 국가의 연속성만을 보고 그 차이점을 보지 못한 보댕에게는 올바른 가정, 가장의 권위, 가장에 대한 순종이 국가의 진정한 모습으로 여겨졌던 것이다.

보댕의 시각은 신비에 둘러싸인 중세의 정치적 이상론에서 벗어나 국가와 주권을 냉정하게 이해하려는 새로운 시도였지만, 그의 시도는 국가에 대한 가족적 유비의 대중적 형태로 이내 통합되었다. 즉 왕과 아버지를 단순히 동일시하고, 정치사회를 단지 규모가 더 클 뿐인, 그러나 본질적으로 동일한 가부장제적 가족과 단순히 동일시하여 이해하는 경향으로 통합되었다. 이런 통합은 영국에서 로버트 필머에 의해 달성되었다. 필머의 《가부장 지배》*Patri-archa, or The Natural Power of Kings*는 국가를 가족으로 관념화하려는 최후의 체계적인 시도였다.

보댕의 경향이 절대주의 국가에 대한 관심 속에서 가족을 정치화하는 것이었다면, 제네바의 기독교 개혁운동가 칼뱅 Johan Calvin, 1509~1564의 사상에서는 이와 동일한 경향이 다른 관심 속에서 나타났다. 즉 신의 주권에 대한 관심이 정치권력에 대한 관심으로 이어진 것이다. 칼뱅은 1555년 6월

26일에 행한 십계명에 관한 설교에서 부모에 대한 순종을 명령하는 네 번째 계명의 의미를 해석한다. 먼저 칼뱅은 신이 인간에게서 어떤 것도 필요로 하지 않는다는 공리에서 출발하여 이 계명 역시 신 자신을 위한 것이 아니라 어디까지나 인간을 위해 주어진 것이라고 결론을 내린다. 그리고 이 계명을 일반화하여, 기독교의 전통적 해석과 마찬가지로, 이 계명이 인간에게 명령하는 복종이 단지 부모뿐 아니라 다른 모든 권력자에게도 바쳐야 하는 것이라고 주장한다. 아버지와 어머니는 모든 권력자를 대표하므로 부모를 공경하라는 이 네 번째 계명 역시 우리 위에 있는 다른 모든 권력자들을 공경하라고 신이 명령하는 것으로 이해해야 한다는 것이다. 칼뱅은 여기에서 한 걸음 더 나아가 이 계명의 궁극적 목표가 인간으로 하여금 신에게 복종하도록 하는 데 있다고 주장한다.

부모의 권력을 포함한 세속 권력 일반에 대한 인간의 복종 의무는 단지 그 권력의 원천, 즉 〈로마서〉 13장 1절에서 바울이 주장하듯이 "모든 권세가 신에게서 왔다"는 사실에만 근거하지 않는다. 그것은 신에 대한 복종을 통해 인간이 얻을 수 있는 궁극적 유익에도 근거한다. 그것은 다름 아닌 인간의 구원salus이다. 부모에게 순종함으로써 모든 윗사람에게 순종할 수 있고, 그럼으로써 또한 신에게 순종할 수 있으며, 궁극적으로 구원받을 수 있다는 것이다. 그렇기 때문에 칼뱅은 불의한 지배 아래에서도 인간이 자신을 스스로 구하려고 노력해서는 안 되며, 다만 구원이 신에게서 온다는 것을 궁극적으로 깨달아 알아야 한다고 가르친다.

　인간이 복종을 통해 또한 얻을 수 있는 것은 이 세상에서의 평화와 일치이다. 칼뱅이 생각하기에 모든 윗사람에게 복종하는 것은 저 세상에서의 구원을 위해서도 필요하지만, 이 세상에서의 평화와 일치를 위해서도 반드시 필요하다. 세상의 권력자에게 복종하지 않고, 부모에게 반항하며, 주인이 맡기는 짐을 기꺼이 짊어지지 않는 사람은 다른 사람들과 연합할 수 없으며, 그러면 인류는 계속 보존될 수 없다. 칼뱅에 의하면 이 복종의 필요성은 인간의 본성, 즉 자만·교만·거만·야심·자아도취와 같이 인간을 신에게서 멀어지게 하는 각종 정서에서 비롯한다. 복종이라는 것이 인간의 본성에 잘 맞지 않는다는 것을 아는 신이 인간을 가장 부드러운 방법으로 자신에게 복종하도록 이끌기 위해 부모라는 상징을 그 앞에 두었다는 것이다.

부모에 대한 자식의 복종, 그리고 세상의 권력자에 대한 기독교인의 복종은 이렇게 칼뱅에 의해 종교적인 의미를 얻게 되었다. 부모가 아무리 못났더라도, 세상의 왕이 아무리 포악하더라도, 그들은 모두 궁극적으로 신에게 복종하는 법을 인간에게 가르치기 위한 일종의 도구로서 신성한 의미를 가진다.

칼뱅의 사상 속에서 부모와 가족은 정치적 공동체와 본질적 속성을 공유하고 있는데, 그것은 그 두 기관이 모두 신에 대한 복종과 그것을 통한 구원이라는 상위의 목적을 이루기 위한 상징적 수단이라는 점이다. 칼뱅의 생각 속에서 가족 그리고 궁극적으로 국가는 사람들을 신의 주권적 지배에 순종할 수 있도록 훈련시키는 '학교'였다. 이런 생각 속에서 국가와 가족은 분명히 비유적으로 연결되었지만, 그렇다고 해서 아버지가 정치적 주권자로 이해되거나 정치적 주권자가 대가족의 아버지로 이해되지는 않았다. 칼뱅의 생각에 '절대적' 주권의 소유자는 오직 신 한 분뿐이기 때문이다.

잉글랜드의 청교도 역시 여러 세기 동안 기독교도가 믿

어온 것처럼 네 번째 계명을 상급자 일반에 대한 복종을 명령하는 것이라고 믿었다. 그러나 칼뱅의 영향을 받은 청교도들이 상급자에게 복종한 이유는 그런 상하 복종 관계가 아리스토텔레스의 주장처럼 인간에게 자연스럽다고 생각해서도 아니었고, 그 복종의 끝이 세속 통치자라고 생각해서도 아니었다. 그들은 유일한 주권자인 신의 명령을 지키려고 했을 뿐, 그 명령의 수단으로서 사용한 가족적 비유 자체를 지키려고 하지는 않았다. 청교도들은 신민이 자신들의 정치적 '아버지'에게 보여야 할 사랑에 관심을 기울이기보다 신이 명령한 상급자들의 의무와 책임에 더 많은 관심을 기울였다.

청교도들은 심지어 아버지의 권력조차 신의 말씀에 따라 심사되어야 한다고 생각했다. 실제로 기존 관습에 대한 청교도들의 비판은 종종 아버지의 자연적 권력마저 근본적으로 의심했다. 전통적인 주장들은 부성paternity과 출산generation으로 요약되는 역사적 연결 체계에 의존했다. 이상과 가치는 계승되는 것이지 발견되거나 동의되는 것이 아니라고 여겼던 것이다. 그러나 이런 체계가 청교도의 양심에는 수용될 수 없었다. 청교도에게 계승은 동의의 연속에 불과한 것이었고, 동의를 표시하는 인간의 의지는 신의 뜻에 종속된 것이었다. 이런 관념이 통치자와 신민 간의 '상호 의무mutua obligatio'에 관한 생각으로 이어졌다. 그것은 통치자와 신민의 관계를 쌍무적인 것으로 이해하고, 자신의 의무를 제대로 이행하지 않는 통치자에 대해서는 그럴 의무를 부여받은 하급자가 정당하게 저항할 수 있다고 생각하는 것이다. 이런 생각은 결국 스코틀랜드를 비롯한 지역에서 나타난 '폭군방벌론'으로 이어졌다.

청교도들은 다른 형태의 연결에 의존하는 것에도 반대했다. 시간적으로 과거로 회귀하는 것뿐만 아니라 공간적으로 바깥으로, 즉 지역적 충성과 친족관계, 가족적 연맹과 혼인 등으로 정치적 충성이 연결되는 것에도 반대했다. 그것은 오로지 신의 은총과 종교를 통해서만 왕과 신민이 연결되어야 한다는 것을 의미했다. 지역적이고 가족적인 연계에 대한 청교도의 비판은 가족 제도의 변화, 즉 가부장적 가족에서 부부 가족으로의 변화를 예고했다. 인간의 본성에 대한 칼뱅주의적 불신을 공유한 청교도들은 아버지의 자연적 군주정에 근거해 왕권을 옹호하려고 하지 않았다. 그 대신에 부권을 정치적 주권으로, 가족을 '작은 국가'로 이해했다. 그런 의미에서 청교도에게 가족은 신성한 제도였다. 그들에게 가족은 자연적으로 주어진 것이 아니라, 개개인이 일종의 계약을 체결하여 만드는 것이었다. 관념적으로 부부 가족이 탄생한 것이다. 이제 청교도의 관심사는 전통에 구속된 가족들의 결혼을 통한 결합이 아니라, 가족이라는 신성한 제도의 목적에 맞게 집안을 잘 다스리는 것이 되었다.

17세기에도 여전히 가족은 상당히 큰 규모의 집단이었다. 가족 안에는 세 개의 하위 가족이 있었다. 남편과 아내로 이루어진 가족, 부모와 자식으로 이루어진 가족, 그리고 주인과 하인으로 이루어진 가족이 큰 가족 안에 포함되어 있었다. 이 가족은 확장되어 매우 넓은 범위의 친족과 많은 수의 하인, 도제, 그리고 고용된 일꾼을 포함했다. 가족은 전통 잉글랜드 사회에서 가장 중요한 결사체였고, 그렇기 때문에 또한 산업혁명 전까지 평범한 잉글랜드인의 충성심을 다른 무엇보다도 강력하게 규정하는 집단이었다.

청교도 사상은 가족적 유대를 국가로까지 확장하고 그렇게 확장된 가족의 왕에게 새로운 가부장적 권위를 부여하려는 지적 경향을 벗어나는 새로운 흐름을 대표했다. 그것은 다음 200년 동안에 일어날 전환, 즉 가부장제적 대가족에서 부부 가족, 곧 남편과 아내를 중심으로 한 가족으로의 전환을 예고했다. 가족이 결합하는 방식에서 나타난 이런 변화는 세속적 정치권력의 등장과 함께 나타났다. 또한 개인을 대가족의 영향에서 벗어나 자유로운 혼인 관계로 들어갈 수 있게 한 것도 세속 권력이었다. 먼저 칼뱅주의적 네덜란드에서, 다음에는 크롬웰 통치하의 잉글랜드에서 혼인 계약이 공적 기록과 세속적 규제의 대상이 되었다. 기존의 가부장제에서는 자식이 복잡한 친족 체계에 묶여 있어서 근대적 정치권력에 의해 통제될 수 없었기 때문이다. 가부장제적 가족 체계 속에서 효자는 결코 좋은 시민이 될 수 없었던 것이다. 이렇게 탄생한 부부 가족은 근대적 주권 국가의 지역적 구성단위가 되었다. 로크가 생각하는 새로운 정치 질서 속의 근대적 인간은 바로 이 부부 가족의 아버지와 자식이었다(아쉽게도 여성은 훨씬 뒤에나 온전한 시민권을 획득하게 된다).

4장   '가부장 지배론' 비판과 새로운 정치관

앞에서 설명한 바와 같이 17세기에 이르기까지 유럽에서
는 왕권을 교황권과의 대립적인 관계 속에서 가정에 대한
유비를 통해 정당화하려는 통합적 사유의 시도들이 이어
졌다. 영국에서 이 시도는 로버트 필머에 의해 가장 성공
적으로 이루어졌다. 그의 《가부장 지배》는 국가를 가족으
로 관념화하려는 최후의 체계적인 시도였다. 필머의 《가
부장 지배》가 출판된 것은 1680년 초이지만, 그것이 작성
된 시기는 그로부터 40여 년 전의 일이다. 이미 1653년에
죽은 필머의 이 책이 뒤늦게 출간된 데에는 특별한 사연이
있었다. 이 무렵에 찰스 2세의 후계 문제를 둘러싸고 이른
바 '배척법 위기'가 발생했는데, 이때 섀프츠베리 백작을
중심으로 한 휘그파와 정치적으로 격렬하게 다투던 토리
파가 필머의 저술에서 자신들의 입장을 아주 잘 정당화해
주는 논리를 발견한 것이다.

　로크의 정치사상이 담겨 있는 핵심 저작인 《통치론》은
그 집필 시기에 대한 부정확한 지식 때문에도 오랫동안 로

크가 네덜란드에서의 망명 생활을 마치고 잉글랜드로 귀국한 배경이 되는 명예혁명(1689)의 사후적 정당화 작업으로 오해되었다. 이런 오해는《통치론》의 저술 시기에 대한 역사학적 연구를 통해 쉽게 바로잡혔지만,《통치론》속 로크의 논적論敵이 토머스 홉스가 아니라 현대인에게 잘 알려지지 않은 로버트 필머였다는 사실은 쉽게 수용되지 못했다.

수용이 지체된 이유는 다음과 같다. 첫째,《통치론》이 성공한 혁명의 사후적 합리화가 아니라는 것을 인정하는 것은 기껏해야 한 인물에 대한 어떤 역사적 설명을 포기하는 것에 불과하므로 우리의 생각 중 어느 한 부분만 수정하면 되는 일이지만,《통치론》이 홉스에 대한 비판이 아니라는 것을 인정하는 것은 정치사상사를 이해하는 방식 자체를 크게 수정해야 함을 의미하기 때문이다. 둘째, 로크의 논적이 필머가 아니라 당대 최고의 사상가인 홉스여야 마땅하다고 사람들이 생각하기 때문이다. 그래야 17세기 잉글랜드 정치사상사가 두 명의 지적 거인 간의 대결로 묘사될 수 있기 때문이다. 그러나 로크 자신은《통치론》이 필머를 비판하기 위한 것임을 분명히 밝히고 있다. 이 사실은《통치론》의 〈제1론〉에만 해당하지 않고, 〈제2론〉에도 분명히 해당한다. 필머는 이미 오래전에 죽었지만, 로크의 시대에도 여전히 살아 있는 지식-정치적 권력이었던 것이다.

홉스 역시 주권의 절대성과 주권자에 대한 신민의 절대적 복종 의무를 강조했지만, 그의 사상은 당시의 토리파에게 전혀 환영받지 못했다. 군주의 세습적 권리를 부정하고 권력을 위임받은 자라면 그 누구라도 주권자로 간주하는 홉스의 사상을 토리파는 절대왕정을 옹호하는 것으로 여기기보다 오히려 올리버 크롬웰의 독재를 변호하는 것으로 여겼다. 토리파에게 군주의 세습적 권리는 결코 부정할 수 없는 사물의 본성과 같은 것이었다. 그런 토리파의 구미에 딱 들어맞은 것이 바로 절대주의와 군주의 세습적 통치권을 훌륭히 섞어놓은 필머의 가부장 지배론이었다.

필머의 이론에서 정치사회의 기원을 동의나 계약에서 찾는 것은 가당치 않은 짓이었고, 왕위 계승 문제를 결정할 의회의 권리라는 것 또한 애당초 있을 수 없었다. 그리하여 필머의 《가부장 지배》는 토리파에게 크게 각광받으면서 곧장 찰스 2세의 '궁정의 수호신'이 되었고, 거의 국가 공식 이데올로기가 되었다. 그에 비해 홉스는 절대주의 저술가들 가운데 가장 큰 불신을 받았고, '배척법 위기'

라는 정세 속에서 하찮은 존재처럼 여겨졌다. 그런 홉스를 비판하는 것은 어찌 보면 로크에게 쓸데없는 일이었다.

　로크의 《통치론》은, 〈제1론〉과 〈제2론〉을 막론하고, 근본적으로 필머의 가부장제적 국가 이론에 대한 비판을 주요 내용으로 담고 있다. 그 비판이 얼마나 필머에게 정당한지 여부와 무관하게 로크는 필머에 대한 비판을 통해 가족과 국가를 유비적으로 통합하여 이해하는 전통적 정치관에서 벗어나 가족과 국가를 서로 다른 영역으로 구분하는 새로운 정치관을 제시하려고 한다. 그러면 이제부터 〈제2론〉을 중심으로 필머에 대한 로크의 비판과 로크가 제시하는 새로운 정치관의 내용을 살펴보자.

　〈제2론〉의 1장 1절에서 로크는 〈제1론〉에서의 비판적 고찰의 결론을 다음과 같이 정리하여 제시한다.

　이제 지상의 통치자들이 여태껏 모든 권력의 원천으로 간주해 온 것, 곧 아담의 사적인 지배권과 아버지로서의 권한으로부터 어떤 이득을 취하거나 일말의 권위jurisdiction를 이끌어내는 것은 이제 불가능하다고 나는 생각한다. (1절)

　로크는 아담으로부터 이어져 내려오는, 그리고 그런 의미에서 제한적으로 신적인 의미를 가지는, 가족 내에서 아버지가 자식에 대해 가지는 통치권이 지금까지는 정치적 통치권의 원천으로 간주되어왔지만 이제는 그럴 수 없다고 주장한다. 그 근거는 다음 네 가지이다.

　먼저, 로크는 첫 번째 인간인 아담이 세계에 대해 가지는 특권적 권리가 자연적으로나 종교적으로 뒷받침되지 않는다고 주장한다. 이것은 그런 권리의 자연적·종교적 성립 가능성을 부정하는 것이다. 그러나 이 주장은 사실상 그 자체로 확증될 수 없다. 그래서 로크는 다음으로, 설령 아담에게 그런 권위나 지배권이 있었다고 해도, 그의 상속자들에게는 권리가 없었다고 주장한다. 그런 권리의 상속 가능성을 부정하는 것이다. 설령 특정인에게 특정 권리가 자연적·종교적으로 부여될 수 있을지 몰라도, 공통의 법률의 도움 없이 그것이 자동적으로 후손에게 상속될 수 없다. 다시 한 번 양보해서 그런 권리가 자연적·종교적으로, 즉 전(前)정치적으로 상속 가능하다고 하더라도, 셋째, 누가 정당한 상속자인지 의문이 제기되는 경우, 자연적·종교적 법이 그 답을 명시적으로 밝히고 있지 않으므로 통치의 권리가 확실히 결정될 수 없다. 마지막으로 로크는, 설령 누가 정당한 상속자인지가 자연적·종교적 법을 통해 결정되었다고 하더라도, "아담의 후손 중에서 누가 직계 장손인가에 대한 지식이 이미 오래전에 완전히 망실되었기 때문에, 인류의 여러 종족들과 세상의 가족들 중에서 자신들이 장손의 가문이고, 따라서 상속권을 가지고 있다는 최소한의 명분을 어느 누구도 다른 누구에 대해서 주장할 수 없다"고 주장한다(1절).

이상의 주장을 정리해보자. 로크는 통치에 대한 권리를 자연적(가족적)이고 종교적인 방식으로 정당화하려는 시도를 비판한다. 비판의 핵심은 통치에 대한 권리는 자연적 권리나 종교적 권리와 다르다는 것이다. 그러므로 정치적 권리가 자연적인 방식(출생)에 의해서나 종교적인 방식(계시)에 의해 주어질 수 없다는 것이다. 그것이 행여 자연적으로나 종교적으로 주어질 수 있다고 하더라도 상속될 수는 없다. 누가 정당한 상속자인지가 종교적으로 계시된 바 없고, 생물학적으로도 확인될 수 없기 때문이다. 이것은 마치 확인될 수만 있다면 정치적 권리도 자연적·종교적 방식으로 부여될 수 있고 상속될 수 있다고 주장하는 것 같지만, 사실 로크가 이런 주장을 통해 말하고자 하는 바는 정치적 권리의 형성 방식이 자연적(가족적) 권리의 형성 방식이나 종교적(교회적) 권리의 형성 방식과 다르다는 것이다.

6장에서 이제 로크는 '부권paternal power'에 대한 독자적 해석을 제시한다. 먼저 로크는 '양친의 권력parental power'을 단지 '부친의 권력paternal power'으로 오해하거나 환원하여 해석하는 것을 비판한다. "이성이나 신의 계시에 비추어 보면 어머니 역시 평등한 자격을 가지고 있"기 때문이다(52절). 이런 로크의 주장은 아담으로부터의 장자 상속에 근거해 왕권을 옹호하려는 필머의 시도를 매우 간단하게 생물학적 사실 하나만으로 비판하는 것이기도 하다.

양친의 권력을 아버지만의 권력으로 왜곡하여 해석한 것이 언어적으로 일종의 관습이 되면서 사람들은 부친의 권력을 자연스러운 것으로 인식하게 되었고, 그와 함께 군주의 권위를 마치 부권적인 것처럼 오해하게 되었다고 로크는 설명한다. 또한 이런 왜곡이 다분히 의도적인 것이라고 로크는 주장한다. '양친의 권력'이 그 개념상 한 사람의 지배를 의미하는 '군주정monarchy'과 양립할 수 없기 때문에 의도적으로 '부친의 권력'으로 왜곡했다는 것이다.

'양친의 권력'이라는 표현은 필머주의자들이 옹호하는 군주제를 지지하는 데에 적합하지 않다. 그 명칭을 사용하면 그들이 한 사람이 지배하는 정부를 옹호하기 위해 도출하고자 하는 근본적인 권위가 사실 한 사람이 아니라 두 사람에게 공동으로 속한다는 사실이 자연스럽게 드러난다(53절). 필머에 대한 로크의 비판은 '부권'이라는 단어 안에 숨어 있는 차이, 즉 어머니의 현존을 드러내는 것이다. 그러나 이 비판을 로크는 계속 이어가지 않는다. 그것은 아마도 그런 식의 비판이 부모의 권력과 정치적 권력의 차이를 밝히는 데에 필수적이지 않다고 판단했기 때문일 것이다. 그래서 로크는 자식에 대해 부모가 가지는 권력이 무엇인지를 밝히는 것으로 넘어간다.

로크는 인간이 본래 평등하지만 그것이 인간이 모든 면에서 평등함을 의미하지는 않는다고 말하면서, "연령이나 덕virtue이 사람에게 정당한 우월성을 부여할 수 있다"고 주장한다(54절). 무슨 말일까? 로크는 덕, 곧 능력이 반드시 나이에 비례해 늘어난다고 생각하지는 않지만, 적어도 나이와 상관관계를 가진다고 생각한다. 다시 말해, 나이를 먹는다고 해서 자동적으로 덕과 능력이 커지는 것은 아니지만, 나이가 어릴 때에는 신체적 능력도 부족하고 교육을 아직 덜 받았기 때문에 이성적 능력도 자연히 부족할 수밖에 없다는 것이다. 자식에 대한 부모의 권력은 바로 이 연령의 차이와 연결된 덕, 곧 능력의 차이에서 비롯한다. 이런 권력 관계가 반드시 부모 자식 관계에서만 관찰되는 것은 아니다. 중요한 것은 로크가 이런 관계에서 비롯한 권력의 비대칭성, 즉 지배-복종의 관계를 인간의 정치적 평등과 모순되는 것으로 보지 않는다는 사실이다. 로크는 다음과 같이 말한다.

> 그럼에도 불구하고 이 모든 것은 모든 사람들이 재판권jurisdic-tion이나 지배권dominion에 있어서 상대방에 대해서 가지고 있는 평등과 모순되지 않는다. (54절)

로크는, 미국의 정치철학자 마이클 왈저Michael Walzer의 표현을 빌리자면, 기계적으로 적용된 '단순 평등simple equal-ity'을 부정하고 이른바 '복합적 평등complex equality'을 주장하고 있는 것이다. 계속해서 로크는 다음과 같이 말한다.

실상 어린애들은, 물론 성인이 되면 평등해지겠지만, 처음부터 이처럼 완전한 평등의 상태에서 태어나는 것은 아니다. 그들의 부모는 그들이 이 세상에 태어났을 때부터 한동안 그들에 대해 일종의 지배권rule과 재판권을 가진다. 그러나 그것은 일시적인 것이다. (55절)

로크에 의하면, 자식에 대해 부모가 가지는 권력은 '일시적'이다. 오늘날의 기준으로 얘기하자면, 그 권력은 부모가 자식이 법적으로 성인이 될 때까지만 보유하는 권력인 것이다. 자식이 성장함에 따라 연령과 이성은 부모와 자식의 유대를 약하게 만들고 마침내 떨쳐버리게 한다. 그 후에는 자식이 스스로 자유롭게 결정할 수 있는 성인이 되는 것이다. 나이를 먹는다는 것은 신체적으로나 정신적으로 성장한다는 뜻이고, 그와 함께 이성적으로 사고할 수 있는 능력을 갖추게 된다는 뜻이다. 그럼으로써 사람은 자유롭게 사고하고 행동할 수 있는 '성인'이 된다.

여기에서 모든 사람이 성인이 될 수 있느냐, 성인이 질적인 개념이냐 양적인 개념이냐, 질적인 의미의 성인이 되지 못한 (것으로 당시에 간주되었던) 사람들, 예컨대 노예, 아메리카 원주민, 장애인 등은 여전히 누군가의 '양친적 권력' 아래 있어야 하느냐 하는 질문이 제기될 수 있다. 여기에서 이 문제를 다루지는 않겠지만, 로크는 그런 '비-성인'이 '미-성인'과 마찬가지로 자연적인 우월자의 '양친적 권력' 아래 있어야 한다고 생각한다(60절). 이런 생각은 다른 민족과 국가에 대한 제국적 지배를 옹호하는 것으로도 이어진다.[1]

최초의 인간, 신이 직접 창조한 인간 아담은 이 자율적인 성인의 모델이다. 로크에 의하면 아담은 완전한 인간으로 창조되었고, 그의 몸과 마음은 힘과 이성을 완비하고 있었다. 그러므로 아담은 처음부터 자신을 부양하고 보존할 수 있었으며, 신이 그에게 심어준 이성의 명령에 따라 자신의 행위를 통제할 수 있었다(56절). 그러나 아담 이후의 '타락한' 인간은 불완전한 모습으로 태어난다. 아담의 초자연적인 출생과는 다른 "자연적인 출생이 그들을 무지하고 이성

---

1   실제로 로크는 잉글랜드의 아메리카 식민 지배에 관여했고, 그의 재산권 관념이나 정당한 권력에 대한 생각은 그 지배에 이론적 근거를 제공했다. 로크는 식민지 캐롤라이나의 고문으로서 헌법을 작성하는 일을 맡아 40명의 부유한 지주와 귀족들이 운영하는 노예 소유자 정부를 제안하기도 했다.

을 사용할 수 없는 상태로 탄생"시킨 것이다(57절). 이 지점에서 로크는 당시 청교도들이 가지고 있었던 인간 본성에 대한 불신을 부분적으로 공유한다. 다만 로크는 그런 불완전함이 교육과 올바른 양육을 통해 보완될 수 있다고 보았다. 이 점에서 로크는 칼뱅적이기보다는 아르미니우스적이다.[2] 구원에 관한 로크의 아르미니우스적 입장이나 교육의 가능성에 대한 로크의 낙관적 태도의 근간에는 인간의 정신을 일종의 백지tabula rasa로 간주하는 그의 경험론적 철학이 놓여 있다.

그러므로 자식에 대한 부모의 권력은 전제적 권력이 아니라 신이 부여한 신성한 의무이다. 자식은 부모 자신의 창조주인 전능하신 신의 작품이다. 부모는 자식을 보존하고, 부양하고, 교육할 의무를 자연법, 곧 신법에 의해 부담한다. 자녀 양육은 신성한 의무이며, 그에 대해 부모는 "신에게 책임을 진다"(56절). 이런 의미에서 부모와 자식의 관계는 분명히 신성한 의미를 가지지만, 이 관계가 교회라는 또 다른 복종의 영역에서 사제와 신도, 또는 신과 인간이

---

2 16세기 신학자 아르미니우스는 구원을 위해 인간이 할 수 있는 일을 칼뱅보다 더 넓게 인정했다.

맺는 관계와 같은 것은 아니다.

자식을 양육해야 할 부모의 의무와 자식에 대한 부모의 권력은, 물론 로크는 그것을 신이 부여했다고 말하지만, 자연적 능력의 비대칭성에서 목적론적으로 발생하는 것이다. 로크는 홉스나 스피노자의 인과론적 세계관과는 다른 목적론적 세계관 속에서 그 권리와 의무를 도출한다. 인간에게 부여된 '완성'이라는 자연적 '목적'이 태어날 때의 부족함을 보완하는 것을 의무로 만들며, 더 완전한 사람이 덜 완전한 사람을 가르치고 이끄는 것 또한 의무와 권리로 만든다.

마찬가지 이유로 로크에게 인간의 사회적·정치적 결합은 아리스토텔레스의 생각에서처럼 자연스러운 것이며, 그 결합으로 나아가는 것은 합리적일 뿐만 아니라, 그러므로 또한 모든 사람이 마땅히 해야 할 일이기도 하다. 아담의 후손들이 태어나 성인이 될 때까지 부모의 지배 아래 있는 이유는 그들이 이성을 아직 제대로 사용할 수 없는 상태로 태어났기 때문이다. 이성적 능력의 결핍은 어린아이를 자연의 법을 제대로 따를 수 없게 만들고, 그런 만큼 또한 자유롭지 못하게 만든다.

로크는 자연법을 이성의 법과 동일시하고, 이 법을 따르는 것을 자유와 동일시한다. 법과 자유를 모순되지 않게 여기는 로크의 생각은 그의 교육에 관한 생각으로 이어진 다. 로크는 "능히 법을 이해할 수 있는 피조물이 어떠한 경우에도 법이 없는 곳에서 자유를 누릴 수는 없"다고 말한다(57절). 이때의 자유는 모든 사람이 기분 내키는 대로 행하는 것, 즉 방종과 구별된다. 그래서 로크는 자식이 성인이 될 때까지 부모가 이성의 법 역할을 대신해 자식이 방종하지 못하도록 해야 하며, 자식이 커가면서 그 법의 합리성을 스스로 깨달을 수 있도록 교육해야 한다고 주장한다. 스스로 이성의 법의 지배를 받는 것, 그것이 로크가 생각하는 자율이고 자유이다. 그러므로 로크는 다음과 같이 말한다.

양친이 그 자식들에 대해 가지고 있는 권력이란 자식들을 불완전한 유년시절 동안 돌보기 위해 그들에게 부과된 의무에서 비롯하는 것이다. 이성이 자리를 잡아 양친의 노고를 덜어줄 때까지 아직 무지한 미성년기 동안 마음을 단련하고 행동을 다스리는 것이야말로 자식들이 원하는 것이고 양친이 해야 할 일이다. (58절)

미성년 자식이 아직 자유롭지 못한 것이 자유로운 성년 부
모가 자식에 대해 권력을 가지는 근거인 것이다.

　로크는 인간의 감각적 욕망이 어린 시절에는 이성, 곧 이
해력을 압도해서 어린아이가 무언가를 끊임없이 욕구하지
만 그것을 이성의 법에 맞게 이끌 수는 없다고 생각한다.
그러므로 어린아이의 의지는 그 자체로 존중되어서는 안
되고, 다른 누군가의 합리적 의지에 의해 통제되어야 한다.
그 기간 동안, 즉 자신의 의지를 스스로 통제할 만한 이해
력을 아직 가지지 못한 동안에는 이해력을 제대로 사용할
수 있는 사람이 어린아이를 위해 대신 욕구해주어야 한다.
후견자가 어린아이의 의지에 지시를 하고 아이의 행동을
통제해야 하는 것이다. 물론 부모의 통제적 역할은 자식이
성인이 될 때 끝난다. 자식 역시 부모와 같은 상태, 즉 이성
의 상태에 이르게 되면 자유인이 되기 때문이다.

　로크는 미성년자에 대한 자유와 권리의 유보 조치가 자
연스러운 것이라고 생각한다. 그렇기 때문에, 물론 교육
이 필요하지만, 이런 유보 조치는 일정한 시간이 흐른 후
에 자연스럽게 사라진다. 그런데 여기에 예외가 있다. 이
예외를 로크는 "자연의 정상적인 경로에서 벗어나 발생한"

것이라고 말하는데, 어떤 "결함에 의해" "충분한 정도의 이성을 가지지 못하고 태어"난 사람이 있다는 것이다(60절). 이처럼 선천적으로 이해력에 결함이 있는 사람은 신체상으로나 연령상으로 성인이 되더라도 결코 자유를 누릴 수 없으므로 부모나 후견인의 권력 아래 있어야 한다.

로크는 선천적인 결함뿐만 아니라 후천적인 결함도 자유를 유보하는 근거가 될 수 있다고 생각한다. 즉 "제정신이 아닌 사람과 백치" 역시 권리의 유보 대상에 해당한다는 것이다. 앞에서 이미 언급했다시피 자유의 유보에 관한 로크의 생각이 민족 또는 국가 간의 관계에 적용되면 성인이나 정상인과 같은 지위에 있는 민족 또는 국가가 아직 '미성년자' 또는 '비정상인' 상태에 있는 민족과 국가를 지배하면서 그들이 합리적으로 욕구해야 할 것을 대신 욕구해주어야 한다는 결론이 도출된다.

로크의 이런 생각은 실제로 당시의 아메리카 원주민에 대한 잉글랜드인의 지배에 적용되었다. 얼핏 보기에 얼토당토않은 주장인 것 같지만 오늘날의 국제 사회에서도 어렵지 않게 관찰할 수 있는 개입 정책의 근간에는 이와 같은 생각이 깔려 있다.

　그런데 한 인간이 자유를 행사할 수 있는 성인의 상태에 이르렀음은 도대체 어떻게 확인될 수 있을까? 자식에게 권력을 행사하는 부모가 자유인의 상태에 있다는 것은 확인된 사실일까, 아니면 그냥 그렇다고 가정된 것일까? 로크는 보편적 이성을 개별적으로 구현해야 할 인간이 자신에게 잠재되어 있는 이성적 능력을 현재화함으로써 궁극적으로 그 사실이 확인될 수 있다고 생각한다. 다시 말해 신이 직접 창조한 완전한 인간 아담의 후손이, 물론 태어날 때에는 이성적 능력 면에서 아담에 비해 부족하지만, 성장하면서 자신에게 잠재되어 있는 이성적 능력을 발휘해 아담이 창조되었을 때부터 알 수 있었던 신의 뜻, 즉 자연의 법을 언젠가 스스로 깨닫게 된다는 것이다. (여기에서 '소유권'의 온전한 행사가 한 가지 지표로서 작용한다.) 그러나 그럴 수 있을 때까지는 "그 법이 얼마만큼 자유를 허용하는지를 안다고 추정되는 다른 누군가가 그를 지도해야 한다."(59절)

　로크는 "안다고 추정되는 다른 누군가"의 확실성을 의심하지 않는다. 더 나아가 여기에서 당연한 것처럼 가정되는 '보편적 이성의 법'이 초월적으로 도입되고 있다는 것을 문제로 여기지도 않는다. 프랑스 철학자 질 들뢰즈^{Gilles} ^{Deleuze}의 플라톤 비판이 보여주는 바와 같이, 사실상 '아는 자'의 존재는 가정^{假定}과 함께 실재로 둔갑하게 된다. 그리고 그런 이성적 능력을 갖춘 철학자, 성인^{聖人}, 자유인의 본질은 선험적으로 규정된다. 무엇이 자유인의 본질인지를 규정할 수 있는 능력을 가진 자가 결국 자유인이 되는 순환 논증의 오류에 빠지게 되는 것이다. 로크의 이론 역시 이런 문제를 가지고 있다. 로크의 이론에서는 그 기준이 자신의 소유물을 제대로 지키고 소유권을 온전히 행사하는 능력으로 이해된다. 그렇기 때문에 자본주의 사회가 필요로 하는 인간을 자유인, 곧 성인으로 가정하고 있다는 비판을 받기도 한다.

물론 여기에서 우리의 논의에 중요한 것은, 이런 성장의 과정을 거쳐 마침내 부모의 지배 아래 있던 어린아이가 성인이 되어 부모와 같은 능력과 권리를 지닌 평등한 또 한 사람의 자유인, 곧 시민이 된다는 것이다. 이제 "아버지와 아들은 마치 미성년기가 지난 후의 학생과 가정교사가 평등해지듯이 평등하게 자유로워지고, 동일한 법률에 평등하게 함께 복종하며, 아버지에게는 아들의 생명, 자유 또는 자산에 대한 어떠한 지배권도 남아 있지 않게 된다."(59절) 이런 주장이 비판하는 것이 무엇인지는 분명하다. 바로 필머의 가부장 지배론이다. 그러므로 로크는 "이 모든 것은 양친이 군주와 같은 권위를 가지고 있다는 사례나 증거가 될 수 없다"고 결론 내린다(60절).

로크는 부모와 자식의 관계를 학생과 교사의 관계에 비유한다. 그러나 그것은 단순한 비유가 아니다. 실제로 로크는 부모가 신에게서 자식에 대한 교사의 역할을 부여받았다고 생각한다. 자식은 부모의 재산이나 소유물이 아니라 "창조주인 전능하신 하나님의 작품"이며, 부모는 지상에서 자식이 신의 뜻, 곧 자연법을 깨달아 이성적으로 행동할 수 있을 때까지 단지 자식의 후견인 및 교사로서 자식을 지도하고 보호할 의무를 가진다. 그리고 그 의무를 수행하는 것과 관련해서만 자식에 대해 권력을 가진다. 그러나 이 모든 것은 역시 한시적이다.

자식에 대한 부모의 명령은 단지 한시적이며, 자식의 생명이나 재산에는 미치지 않는다. 그것은 단지 미성년자인 자식의 연약함과 불완전함을 돕기 위한 것이며, 그들의 교육에 필요

한 기율일 뿐이다. (65절)

이 교육적 비유는 칼뱅이 가족을 비롯해 국가마저도 궁극적으로 인간을 신에게 복종시키기 위한 학교와 훈련소로 보는 것과 유사하다. 그러나 칼뱅의 학교에서 가르치는 것이 타율적으로라도 신에게 복종할 수 있도록 하는 규율이라면, 로크의 학교에서 가르치는 것은 신에게마저도 자율적으로 순종하는 능력, 즉 신이 준 이성으로 신의 영원한 뜻을 깨달아 순종하는 능력이다. 칼뱅에게 구원이 신에 대한 복종 그 자체에 있다면 로크에게 구원은 신에 대한 자율적 복종, 즉 '양심적conscientious' 예배에 있다. 종교적 관용에 대한 로크의 옹호는 바로 이런 생각에 근거를 두고 있다.

로크는 《관용에 관한 편지》에서 "원하지 않는 사람들은 심지어 하나님도 구원하지 않을 것"이라면서 "자기 영혼을 돌보는 일은 각자에게 달려 있으며, 각자에게 맡겨져야" 한다고 주장한다(42쪽). 이런 로크의 주장은 '구원'에 대한 칼뱅의 생각과 사뭇 다르다. 그러므로 로크에게 종교적인 자기 일치가 영혼의 '구원salus'을 의미한다면, 정치적인 자기 일치, 즉 동의에 의한 정부는 시민적·세속적 '행복salus'을 의미한다고 말할 수 있다.

그렇다면 인간이 성인이 된 후에도 부모에게 복종하는 이유는 무엇일까? 로크는 성인이 된 후에 얻게 되는 자연적인 자유와 양친에 대한 복종이 서로 모순 없이 양립할 수 있다고 여긴다. 오히려 로크는 양자가 동일한 원칙에 근거하고 있다고 주장한다. 효孝, 곧 부모에 대한 복종은 타율적 의지의 산물이 아니라 자율적 의지의 산물이라는 것이다. 이것을 로크는 "그가 마땅히 양친에게 부담해야 하는 존경의 의무"라고 표현한다(66절). 그 의무는 성인이 되었다고 해서 면제되는 것이 아니다. 로크는 오히려 신이 그 의무를 성인이 된 자식에게 부과했다고 말한다. 신법, 곧 자연법이 성인이 되어 사안을 올바르게 이해할 능력을 갖추게 된 자식에게 그 행위가 합리적임을 깨닫게 한다는 것이다. 다만 그것을 선천적으로나 후천적으로 깨닫지 못하며 여전히 미성년 상태에 머물러 있는, '결함'이 있는 사람들이 있을 뿐이다. 그러므로 효는 로크에 의하면 "마음 속에서 우러나오는" 것이지 국가에 의해 강제되는 것이 아니다. 부모에 대한 자식의 자발적 복종이 부모에게 그 어떤 정치적 권리도 부여하지 않듯이, 자식의 정신적 결함 또는 자율적 판단에 의한 불복종이 부모에게서 그 어떤 정치적 권리를 박탈하지는 않는다. 왜냐하면 정치적 복종의 영역과 가족적 복종의 영역은 서로 구별되기 때문이다. "경의, 존경, 보은 및 조력을 빚고 있다는 것과 절대적인 복종 및 굴복을 하지 않으면 안 된다는 것은 전혀 별개의 것이다."(66절)

부모에 대한 자식의 효도, "존경과 존중, 그리고 라틴 족들이 경애 piety라고 부르던 모든 것"(74절)은 사실 강요될 수 없는 것이다. 그것은 자식이 스스로 감사하게 느껴야 가능한 것이다. 그것을 로크는 상호 비례적인 것처럼 묘사한다. 즉 "자식이 지는 존경의 의무가 교육 중에 보여준 아버지의 배려, 비용 및 친절의 다과多寡에 따라 양친에게 그에 상응하는 존경, 존중, 지원 및 복종을 받을 항구적인 권리를 부여한다"는 것이다(67절). 그러나 그 '다과', 즉 많고 적음이 자식에게 제대로 인식되지 않는다면 '그에 상응하는' 보답을 받는 것은 사실상 불가능할 것이다. 그런 의미에서 효는 부모의 교육이 지닌 합리성을 자식이 스스로 깨닫는 데에서 비롯한다고 할 수 있다.

자식이 미성년일 때 자식에 대해 부모가 가지는 권력과 그 후에 자식이 자발적으로 부모를 존경해서 가지게 되는 권리를 구분해야 하듯이, 미성년일 때 자식으로서 부모에게 복종해야 할 의무와 성년이 된 후의 의무도 마찬가지로 구분해야 한다.

로크는 두 개의 권력, 곧 아버지가 자식의 미성년기에 후견의 권리를 통해 가지게 되는 권력과 아버지가 평생 동안 가지는 자식에게서 존경을 받을 권리를 구분해야 한다고 말한다. 그리고 부모에 대한 자식의 복종 역시 성인이 되기 전과 후의 것으로 구분해야 한다고 말한다.

> 누가 '자식들이여 양친에게 복종하라'라는 명령이 이미 자신의 자식을 가진 사람으로 하여금 마치 아직 어린 자식들이 아버지에게 바치도록 요구되는 것과 동일한 정도의 복종을 그의 아버지에게 바칠 것을 요구한다고 생각하겠는가? (68절)

전통적으로 부모에 대한 복종은 물론이고 모든 상급자와 국왕에 대한 복종까지 (칼뱅에게는 더 나아가 궁극적으로 신에 대한 복종까지) 명령하는 것으로 이해되었던 이 계명을 로크는 부모에 대한 것으로, 그것도 자식이 아직 미성년일 때에만 적용되는 것으로 축소한다. 자식이 성인이 되었는데도 그에게서 마치 그가 미성년자일 때와 마찬가지의 복종을 요구하는 아버지는 "무분별하게도 그를 아직도 여전히 아이처럼 취급"하는 것이라고 로크는 말한다(68절). 분별력이 있는 사람이라면 그렇게 하지 않을 것이라는 뜻이다. 로크는 또한 이 두 가지 권력이 "법을 제정하고 자산, 자유, 신체 및 생명에 미치는 형벌을 부과하면서 그 법률을 집행할 수 있는 권력", 즉 정치적 권력과는 "전적으로 거리가 멀다"고 주장한다(69절). 양친의 권력과 정치적 주권이 전적으로 다른 것임을 주장하는 것이다. 필머가 주장하는 바와 같이 만약 모든 정치권력이 부권적이라면, 그리고 정치권력과 부권이 진정으로 똑같은 것이라면, 모든 부권이 군주에게 있기 때문에 신민은 자연히 부권을 전혀 가질 수 없게 된다. 그러나 이것은 로크가 보기에 현실과 모순된다. 정치적 군주도 자신의 부모에 대해 '자식으로서의 의무filial duty'를 가지고 있고, 정치적 신민도 자식에 대해 '양친으로서의 권력parental power'을 가지고 있기 때문이다. 그러므로 "정치적 권력political power과 부친의 권력paternal power은 완전히 구분되고 분리된 것으로서 전적으로 상이한 토대에 기초하고 있고 전적으로 상이한 목적에 봉사"한다(71절).

지금까지 살펴본 것처럼 로크는 부모와 자식의 관계를 군주와 신민의 관계와 전적으로 다른 관계로 파악한다. 우리에게는 너무도 당연해 보이는 이 주장이 로크와 당대의 사람들에게는 그리 당연한 것이 아니었다. 왜냐하면 많은 사람들이 가정과 국가, 그리고 각각의 영역에서 작동하는 권력 관계를 유비적으로 이해했기 때문이다. 뒤에서 살펴보겠지만 로크는 이 두 관계가 사제와 신자의 관계와도 전적으로 다르다고 주장한다. 로크에 의하면 이 각각의 관계에는 고유한 복종의 의무와 권력이 존재한다. 이 영역의 구분이 로크에게는 중요하다. 이 영역들을 제대로 구분하지 못할 때 자유가 억압되기 때문이다.

5장

로크의 자유주의

로크를 흔히 '자유주의의 선구자'라고 부른다. 그런데 이 때 사람들이 생각하는 자유주의는 무엇일까? 자유주의를 무엇이라고 생각하기에 로크를 자유주의의 선구자라고 하는 것일까? 사람들이 흔히 생각하는 것은 '개인'의 자연적 권리에 대한 관념과, 양도할 수 없는 개인의 권리에 근거한 정치적 '계약'의 관념, 그리고 이를 통해 보호되는 개인의 '자유' 등일 것이다. 그러나 이것은 세상을 지나치게 단순하게 보는 것이다. 자유는 그렇게 단순하게 확보되지 않는다. 왜냐하면 우리가 매우 복잡하고 다양한 사회적 관계 속에서 살기 때문이며, 그 모든 관계를 떠나서는 결코 자유로울 수 없기 때문이다.

앞에서 살펴본 바와 같이 로크는 최소한 두 개의 상이한 복종의 영역을 구분하고, 각각의 영역에서 작동하는 권력을 구별하여 묘사했다. 로크는 이런 구분 속에서 비로소 개인이 시민으로서도, 어린 자식으로서도, 그리고 성인이 된 자식으로서도 자유로울 수 있다고 생각한다. 이런 로크의 생각을 '자유주의'라고 부를 수 있다면, 그것은 아마도, 마이클 왈저의 표현을 빌리자면, "분리의 기술the art of sepa-ration"로서의 자유주의일 것이다. 로크가 직접 이런 표현을 사용하지는 않았지만, 분명히 로크는 그렇게 생각했다. 로크는 〈제2론〉의 서론에서 다음과 같이 적고 있다.

> 신민에 대한 위정자magistrate의 권력은 자식에 대한 아버지의 권력, 하인에 대한 주인의 권력, 아내에 대한 남편의 권력, 노예에 대한 노예주의 권력과 구분될 것이다. 이처럼 상이한 모든 권력이 때로는 한 사람에게 집중되는 경우가 있는데, 그 사람을 그런 상이한 여러 관계하에서 고찰하는 것은 그러한 권력들을 구분하는 데에 도움이 되고 나라의 지배자, 가족의 아버지, 그리고 노예선의 선장 간의 차이를 밝혀줄 것이다. (2절)

로크는 '상이한 권력 관계'를 언급하고 있다. 여기에 우리는 신과 그의 피조물인 인간의 관계, 또는 지상에서 신을 대리한다고 주장하는 사제와 신도의 관계를 추가할 수 있을 것이다. 로크가 구분한 이 상이한 권력 관계들은 상이한 '복종의 영역들'이기도 하다. 각각의 영역에서 권력이 발생하는 원인이 다르고, 그에 따라 각각의 영역에서 사람들이 권력을 가진 자에게 복종하는 이유가 다를 수밖에 없다. 로크는 이런 여러 권력 관계가 한 사람에게 우연히 집중되어 나타나는 경우가 있다는 것을 인정한다. 그러나 그렇다고 해서 로크가 그 관계들을 통합하여 이해해야 한다고 주장하지는 않는다. 로크는 그 권력 관계들이 우연히 한 사람에게 집중되어 있는 경우에도 그것들을 구분하는 것이 무엇보다도 개인의 '자유'를 위해 필요하다고 생각한다.

로크가 생각하는 개인의 자유는 모든 권력 관계들'로부터의' 자유가 아니다. 이것이 자유주의에 대한, 혹은 로크의 자유주의에 대한 극복되어야 할 편견이다. 로크가 생각하는 개인의 자유는 오히려 그 권력 관계들 '안에서의' 자유이다. 해방으로서의 자유가 아니라 구분으로서의 자유인 것이다. 로크는 개인이 일체의 사회적 관계들로부터 분리됨으로써 자유로울 수 있다고 생각하지 않는다. 일종의 권력 관계인 여러 사회적 관계들 안에서, 다만 그 관계들이 서로 고유의 영역을 침범하지 않을 때, 개인이 자유로울 수 있다고 로크는 생각한다. 이 상이한 권력 관계들, 즉 복종의 영역들 중에서 로크가 특히 17세기 잉글랜드에서

주의하여 구분하려고 노력한 것이 바로 정치적 복종의 영역인 '국가'와 종교적 복종의 영역인 '교회', 그리고 자연적 복종의 영역인 '가족'이다.

로크는 정치권력을 다음과 같이 규정한다.

그것은 사형 및 그 이하의 모든 처벌을 가할 수 있는 법률을 제정하는 권리이며, 또한 재산property을 규제하고 보전할 목적으로 그러한 법률을 집행하기 위해서, 그리고 국가common-wealth를 외적의 침입으로부터 방어하기 위해서 공동체의 무력을 사용하는 권리이며, 이 모든 것을 오직 공공선을 위해서만 행사하는 권리이다. (3절)

정치권력은 정치적 복종의 영역인 국가에서 통용되는 힘이다. 그것은 법률을 제정할 권리(입법권)이자 무력을 사용할 권리(행정권)이다. 이 정치권력이 가부장의 권력이나 성직자의 권력에 의해 간섭받지 않는 것이 무엇보다도 중요하다고 로크는 생각한다.

정치권력이 가부장적인 것으로 오해된 데에는 역사적 배경이 있다. 그것을 로크는 다음과 같이 설명한다.

태초의 세계에 인구가 희박해서 아무도 소유하지 않던 지역으로 가족들이 떨어져나가는 것이 허용되고, 살던 곳을 떠나 아직 빈 땅에 정착할 여지가 많던 곳에서 가족의 아버지가 그 가족의 군주가 되는 것이 얼마나 용이했을까를 상상하기란 그리 어렵지 않다. (74절)

오해는 이른바 전근대적 사회의 작은 규모와 미분화한 삶의 양식에서 비롯했다. 이런 자신의 주장을 로크는 잉글랜드 국교회의 아버지 리처드 후커 Richard Hooker, 1554~1600 가 쓴 《교회정치론》 제1권 10장의 구절을 인용해 뒷받침한다. 이 구절에서 후커는 미분화한 사회에서 아버지의 권력과 군주의 권력만 구분되지 않았던 것이 아니라, 종교적 권력도 그것들과 구분되지 않았다고 설명한다.

마찬가지로 통치자들이 멜기세덱[1]처럼 행동하던 고대의 관

---

1 멜기세덱은 〈창세기〉에 등장하는 인물이다. 그는 신의 이름으로 아브라함을 축복하였고, 아브라함에게서 소득의 10분의 1을 받았다고 한다. 이에 근거해 멜기세덱은 기독교에서 아브라함보다 영적으로나 육적으로나 지위가 높은 통합적인 권력자로 여겨진다.

습, 곧 왕들이 본래 아버지들이 최초에 수행했던 제사장의 직책을 수행한 것 역시 아마도 동일한 계기에서 비롯된 것이었을 것이다. (74절 주석에서 재인용)

로크의 가족-정치사회-교회사회 구분에 미친 후커(와 그를 통한 아리스토텔레스)의 영향이 엿보이는 지점이다. 그런 구분을 오늘날 제대로 하지 못할 경우 "오직 군주만이 제사장이 되어야 한다는 논변"으로 나아가게 된다고 로크는 우려를 표명한다(76절). 최초에 가족의 아버지가 제사장이었다는 사실은 그가 그 집안의 지배자였다는 사실만큼이나 확실하지만, 그런 우연한 역사적 결합을 필연적 결합으로 오해해서는 안 된다는 것이다.

그러나 가족의 규모가 커지면서 "모종의 통치가 없이는 그들이 함께 살기가 어려"운 상황이 생겼다. 자식들이 이미 부모와 동등한 능력과 권리를 갖춘 성인이 되었을 뿐만 아니라, 그런 평등한 사람들의 연합이 '가족'과 그 규모면에서뿐만 아니라 질적으로도 다르기 때문에, '모종의 통치'가 필요하게 된 것이다(74절). 로크에 의하면 이 통치를 위해서는 언제나 성인이 된 자식들의 "명시적 또는 묵시적 동의"가 필요한데, 이때 아버지가 "자식들이 어렸을 때부터 통치자"의 역할을 해왔기 때문에 그 아버지가 쉽게 가족 구성원들이 자유인으로서 가지고 있는 "일종의 군주적 권리"를 양도받게 되었다(74절). 로크가 주장하려고 하는 바는, 비록 "자식들이 묵시적이고 거의 불가피한 동의에 의해 아버지의 권위와 통치를 받아들이게 된 것이 용이하고도 거의 자연스러운 일"(75절)이지만, 다시 말해 전근대 사회에서 가족-국가(정치사회)-교회(종교사회)가 미분화한 상태에서 발생적으로 우연히 가부장적 형태의 국가가 등장했지만, 그렇다고 해서 아버지의 권리가 곧 종교적 사제의 권리 또는 정치적 군주의 권리는 아니라는 것이다. 군주의 권리는 "어떠한 경우에도 부권에서 기인한 것이 아니라 자식들의 동의에서 기인"한 것이라는 주장이다(74절). 정치권력은 어디까지나 동등하게 자유로운 사람들의 동의에 의해서만 발생한다는 것이 로크의 주장의 핵심이다. 이것을 주장하기 위해서도 동의의 관념을 부정하고 배제하는 기존의 가족관과 국가관, 그리고 교회관을 로크는 비판해야 했던 것이다.

　이것이 '동의에 의한 정부'라는, 오늘날 상식이 되어버린 정치적 주장의 사상사적 등장 배경이다.《통치론》의 문제의식을 조금 더 분명하게 드러내 보이기 위해 그것이《관용에 관한 편지》의 내용과 어떻게 연결되는지 잠깐 살펴보자.

《통치론》에서 로크가 양친의 '자연적' 권력을 군주의 '정치적' 권력과 구별함으로써 정치적 영역의 차별적 속성을 드러냈다면,《관용에 관한 편지》에서 로크는 교회의 '종교적' 권력을 국가의 '정치적' 권력과 구별함으로써 정치적 영역의 차별적 속성을 드러낸다. 출생에 의해 자연적으로 형성되는 가족과 달리, 로크에게 국가와 교회는 모두 사람들이 어떤 공통의 목적을 달성하기 위해 모인 사회societas이다. 그중에서 국가 혹은 공화국res publica이라고 불리는 사회가 추구하는 목적은 다름 아닌 개개인의 "세속적 재산bona civilia을 지키고 증식하"는 것이다(21쪽). 이때 세속적 재산이란 단지 돈만을 뜻하지 않는다. 생명, 자유, 신체적 건강, 무병, 토지, 돈, 가구 등과 같은 외적인 것들을 모두 일컫는다. 이 세속적 재산들을 지키고 증식하는 데에 필요한 수단을 국가는 정당하게 사용할 수 있는데, 여기에는 당연히 무력 사용이 포함된다. 범죄자를 처벌할 수 있는 능력을 국가가 가지고 있지 않다면 범죄를 억제할 수 없기 때문이다. 그래서 로크는 이렇게 말한다.

> 어느 누구도 자유나 목숨은 말할 것도 없고 자신의 이익의 일부분조차 자발적으로 박탈당하지 않으므로, 통치자는 남의 권리를 침해하는 자들에게 처벌을 가하기 위해 무력, 곧 자신의 모든 신민의 신체적 힘으로 무장하고 있어야 한다. (22쪽)

《통치론》에서 양친의 권력과 대조되는 군주의 권력을 로크가 묘사할 때에도 심지어 목숨까지 빼앗을 수 있는 군주의 '처벌 권력'은 중요한 요소로서 등장했다. 그런데 《관용에 관한 편지》에서 이 처벌 권력은 특히 종교적 사안과 관련해, 교회가 사용할 수 있는 처벌 권력과 구분되어, 조심스럽게 규정되고 있다. 로크는 "통치자의 모든 사법권이 오로지 이 세속적 이익에만 미치고, 세속 권력의 모든 권리와 지배가 오로지 이 세속적 재산의 보호와 증진에만 국한되며, 영혼의 구원에까지는 어떠한 방식으로도 확장되어서도 안 되고 확장될 수도 없"다고 주장한다(22쪽).

세속 통치자의 권한이 종교의 영역으로까지 확장되지

않는 이유를 로크는 다음과 같이 제시한다. 첫째, "영혼을 돌보는 일이 다른 사람에게도 위임되어 있지 않지만, 세속 통치자에게는 더더욱 위임되어 있지 않기 때문"이다(22쪽). 그럴 권한이 당사자에 의해 어느 누구에게도 위임되지 않았다는 것이 로크의 주장이다. 둘째, 세속 통치자의 모든 권력은 강제에 기초해 있는데, "참된 종교, [즉 사람의 영혼을] 구원하는 종교는" 강제가 아니라 "영혼의 내적 확신에 기초해 있"기 때문이다(23쪽). 세속적 행복^{salus}은 결과적으로 얻어지므로 그에 필요한 시민의 행동을 유도하고 불필요한 행동을 억제하기 위해 강제적 수단이 사용될 수 있지만, 종교적 구원^{salus}은 '영혼의 내적 확신', 즉 자신이 옳다고 믿는 방식으로 신에게 예배하는 정신의 '양심적$^{con-}$ ^{scientious}' 상태, 곧 자기 자신과 일치해 있는 상태에 있으므로 결코 물리적으로 강제되어서는 안 된다는 것이다. 그러므로 로크는 지성의 방식인 논증만이 우리가 종교와 관련해 사용할 수 있는 유일하게 정당한 수단이라고 주장한다. 셋째, "참된 종교는 하나이며 천국으로 이끄는 길도 하나인데, 만약 각자가 자기의 이성과 양심의 명령은 제쳐두고 어두운 정신으로 자신의 군주가 믿는 교리를 수용해야 한다면, 그리고 조국의 법률이 정한 대로 하나님을 섬겨야 한다면", "종교에 대해 군주들이 가지고 있는 이토록 다양한 의견들 사이에서 천국으로 이어지는 좁은 길과 빠듯한 문은 필연적으로 소수에게만 열려 있게 될 것이며, 그것은 또한 오로지 한 지역에서만 가능할 것"이고, 그 결과 "영원한 행복이나 멸망이 오로지 태어난 장소에 달린 일이 되기 때문"이다(25쪽).

이상의 세 가지 사실, 즉 영혼에 관한 권한의 위임 부재, 내적 확신의 강제 불가능성, 구원에 이르는 방법에 대한 견해의 사실적 다양성에 근거해 로크는 영혼의 구원에 관한 일, 즉 종교적 영역에 통치자가 관여해서는 안 된다고 주장한다. 여기에서 로크는 개인의 종교적 선택을 옹호하면서도 그것이 궁극적으로 하나의 종교적 진리로 통합될 것을 신뢰하고 있다. 이는 자식에 대한 부모의 교육이 가정에 따라, 즉 자식의 기질과 부모의 능력에 따라 다양한 형태를 띨 수 있지만 그것이 모두 궁극적으로 보편적 이성의 계발로 수렴될 것이라는 낙관적 신뢰와 연결된다.

사람들이 자신의 영혼의 구원을 위해 그저 골방에서 하늘을 향해 기도만 한다면 사실 어떤 문제도 발생하지 않을 것이다. 문제는 사람들이 자신들의 영적인 목적을 위해 함께 모인다는 사실에서 발생한다. 그 모임을 로크는 "교회 ecclesia"라고 부른다(26쪽). 교회는, 로크에 의하면, "영혼의 구원을 목적으로 신성에 적합하다고 그들이 믿는 방식에 따라 신을 공적으로 섬기기 위해 자발적으로 모인 인간들의 자유로운 사회 societas libera"이다(26쪽).

로크는 교회가 가정처럼, 즉 출생에 의해 태어나면서 자동으로 속하게 되는 퇴니스 Ferdinand Tönnies적 의미의 '공동사회 Gemeinschaft'가 아니라 자발적으로 가입하는 일종의 '이익사회 Gesellschaft'라고 주장한다. 그러므로 교회가 맘에 안 들면, 즉 자신의 구원에 도움이 되지 않아 보이면 가입할 때와 마찬가지로 자유롭게 그곳에서 나올 수 있어야 한다고 주장한다. 이 점에서 교회는 오히려 정치사회인 국가와 비슷하다. 교회와 국가의 차이는 다만 각각의 영역에서 권력이 사용되는 목적과 범위, 수단에 있다. 로크는 교회의 사제들이 자신들이 가진 권력을 구성원의 동의와 무관하게 신이 준 것처럼 묘사하는 것을 비판한다(27~29쪽). 로크의 결론은 "종교적 사회의 목적이 신에 대한 공적인 예배이고 그것을 통해 영원한 생명을 얻는 것"이므로, 교회의 구성원에 대한 "치리治理가 이 목적에 닿아 있어야" 한다는 것이다(30쪽). 로크는 교회사회가 그 구성원들로 하여금 의무를 다하도록 하기 위해 사용할 수 있는 무기는 오직 "훈계, 권고, 충고"뿐이라고 말한다(31쪽). 그 수단으로 어찌할 수 없는 것은 물리적 강제로도 어찌할 수 없기 때문이다.

로크에게 관용은 그저 상대방의 생각이나 행동을 싫어하면서도 참는 것을 의미하지 않는다. 관용은 상이한 권력관계들의 구분에서, 상이한 복종의 영역들을 구분하는 데서 논리적으로 도출되는 것이다. 국가는 인간의 시민적·공적 측면에 관여하고, 교회는 인간의 종교적·영적 측면에 관여하며, 부모는 인간의 자연적·교육적 측면에 관여한다. 서로 다른 목적을 지닌 이 영역들을 서로 침범하지 않는 것이 바로 근본적인 의미의 관용이다. 이것은 각각의 영역이 가진 목적을 존중하는 것이고, 그 목적에 부합하게 각각의 영역에서 권력이 사용되도록 하는 것이다. 상이한 복종의 영역들의 비지배적 공존을 가능케 하는 것이 바로 로크가 생각하는 관용이다. 이는 어느 하나의 복종의 영역이 나머지 다른 영역들을 지배하는 상태, 즉 전제적 지배 상태와 구별된다. 17세기 프랑스의 철학자 파스칼^{Blaise Pascal}은 자신의 수상록에 다음과 같이 적었다. "전제^{專制}는 하나의 수단을 통해 그 수단이 아닌 다른 수단으로만 얻을 수 있는 것을 얻고자 하는 바람이다."(브룬슈빅 332/라퓌마 106) 로크가 가부장 지배론을 비판하고 종교적 불관용을 비판한 것은 아버지의 권한으로 정치적 권력마저 얻으려고 하는 시도와 종교적 권력으로 정치적 권력마저 얻으려고 하는 부당한 시도, 즉 전제적 지배의 시도에 맞선 것이었다.

로크의 정치사상을 이렇게 해석할 때, 우리는 그의 자유주의를 다르게 이해할 수 있다. 로크가 자유주의의 선구자라면 그것은 그가 상이한 복종의 영역들을 구분하고 그 사이에 담을 쌓는 '분리의 기술'을 발휘했기 때문일 것이다.

그동안 로크의 자유주의는 다분히 현대적 관점에서 신민의 저항권이나 인민주권론, 개인의 재산권 등과 관련해서만 이해되어왔다. 명예혁명 이후의 정통 휘그 사관과 잉글랜드의 식민 지배에서 벗어나 신대륙에 미국을 건설한 사람들이 신민의 저항권에 초점을 맞춰 로크의 자유주의를 이해했고, 자본주의 사회와 그것의 제국주의적 팽창을 옹호하는 쪽이나 비판하는 쪽 모두 개인의 신성한 재산권

	효(부모-자식)	충(통치자-신민)	경천(신-인간)
로크	자연적·일시적 권리와 의무	합리적·계약적 권리와 의무	내면적·사적 권리와 의무
필머	유비의 원천 ➡	가부장적 지배 ⬅	권리의 원천
칼뱅	경천을 위한 비유적·교육적 수단		궁극적 목적

[그림 3] 로크의 가족-국가-교회 권력 구분

에 초점을 맞춰 로크의 자유주의를 이해했다. 그러나 지금까지 살펴본 바와 같이 그의 정치사상을 가부장 지배론에 대한 비판 또는 종교적 불관용에 대한 비판과의 종합적 연관 속에서 파악하면, 그의 자유주의는 조금 다르게 이해될 수 있을 뿐만 아니라 현대 사회에 대해 다른 비판적 가능성을 가진 이론으로 이해될 수 있다.

6장 《통치론》의 주요 내용과 영향

지금까지 이 책은 로크와 그의《통치론》을 설명할 때 일반적으로 언급되는 주제들을 일부러 다루지 않고,《통치론》이 등장한 역사적 배경과 그 내용의 사상사적 맥락을 더 중요하게 다루었다.《통치론》이라는 책과 로크라는 인물을 잘 모르는 독자에게는 지금까지의 논의가 다소 어렵고 복잡하게 느껴졌을지도 모르겠다. 또한《통치론》과 로크를 어느 정도 알고 있는 독자에게는 지금까지의 논의가 다소 낯설게 느껴졌을지도 모르겠다. 그러나 이런 역사적이고 사상사적인 배경에 대한 이해가 선행되어 있을 때, 이제부터 설명할 로크의 비교적 익숙한 주장들의 의미가 좀 더 정확히 파악될 수 있을 것이다.

자연 상태

먼저, 자연 상태에 대해 살펴보자. '자연 상태state of nature'는 17~18세기의 정치사상가들이 공통적으로 사용한 이론적 장치이다. 그것은 현재 상태와 대조되는 어떤 상태를 가리키기 위한 개념이다. 예컨대, 홉스의 자연 상태는 잘 알려져 있다시피 "각 사람이 각 사람에 맞서 싸우는 전쟁bellum omnium contra omnes"과도 같은 상태인데, 그것은 어디까지나 '사고 실험'의 산물로서 절대적 주권자에 의해 평화가 유지되는 국가 상태의 대립물이다. 반대로 루소 Jean-Jacques Rousseau, 1712~1778에게 자연 상태는 현재의 타락한 문명 상태를 비판적으로 인식할 수 있게 해주는 모범으로서의 원초적 상태이다.

홉스와 루소의 자연 상태가 이론적 필요에 의해 상상된 허구에 가깝다면, 로크의 자연 상태는 실제로 존재할 수 있는 전前정치적 상태이다. 로크는 자연 상태가 정치적 계약을 통해서만 해소될 수 있다고 생각한다. 그것은 국가 간의 상태가 자연 상태라는 뜻이기도 하지만, 동시에 정치적 계약 없이 한데 모여 사는 인간들의 상태 역시 자연 상태라는 뜻이기도 하다. 로크는 다음과 같이 말한다.

도대체 어디에서 인간이 그러한 자연 상태에 처해 있는가 또

는 처한 적이 있었는가? (…) 전 세계에 걸쳐 독립된 정부의 모
든 군주와 통치자들은 서로 자연 상태에 놓여 있기 때문에 많
은 사람들이 그러한 상태에 놓여 있지 않은 세상이란 과거에
도 없었고 앞으로도 결코 없을 것임이 명백하다. 나는 방금, 그
통치자들이 다른 통치자들과 동맹 관계에 있든 그렇지 않든,
독립된 공동체의 모든 통치자들을 지칭했다. 왜냐하면 모든
종류의 협약이 아니라 하나의 공동체에 함께 가입하여 하나의
정치체政治體, Body Politick를 만들기로 서로 합의하는 종류의 협
약만이 인간들 사이의 자연 상태를 종료시키기 때문이다. 사
람들이 그 밖의 다른 종류의 약속이나 협약을 맺는다 해도 그
들은 여전히 자연 상태에 있게 된다. (14절)

로크는 자연 상태를 지금도 국가들의 관계에서 관찰할
수 있고, 그들이 '발견한' 신대륙 아메리카에서 한때 잉글
랜드인들의 상태와 유사한 자연 상태를 여전히 관찰할 수
있다고 주장한다. 로크에 의하면 "태초에 모든 세계는 아
메리카와 같았다. 지금의 아메리카보다 더욱 더 아메리카
적이었다."(49절)

홉스에게 자연 상태가 현재의 국가 상태를 정당화하기

위한 장치라면, 그래서 자연 상태가 반드시 부정적인 모습이어야 한다면, 로크에게 자연 상태는 현재의 가부장제적 통치 형태의 부당성을 밝히기 위한 장치이다. 이 자연 상태를 로크는 그리 부정적으로 보지 않는다. 그러나 국가 상태로 이행하기 위해서도 자연 상태를 긍정적으로만 볼 수는 없다.

로크에게 자연 상태는 기본적으로 '자유의 상태'이다. 방종과 구별되는 자유는 이성의 명령에 따라 사는 것을 의미한다. 문제는 모든 사람이 똑같이 이성의 명령에 순종하며 사는 것은 아니라는 데에 있다. 이성의 명령에 순종하며 사는 사람은 자기를 제대로 보존하기 위해서도 타인과 협력하고 공존할 필요를 느끼지만, 그렇지 않은 사람은 어리석게도 타인의 자기 보존을 위협함으로써 궁극적으로 자기 자신마저 위태롭게 만든다. 더 나아가 자연 상태에서는 각자가 자신의 재판관이기 때문에 사람들 사이에 분쟁이 생겼을 때 옳고 그름을 객관적으로 따져 묻기가 어렵다. 그래서 자연 상태는 한마디로 매우 불편한 상태이다.

이런 로크의 자연 상태 관념은 홉스의 자연 상태 관념과 대조되는 것으로 여겨진다. 로크가 자연 상태에서 인간의 협력 가능성을 긍정하는 반면, 홉스는 불신이 팽배해 있는 자연 상태에서 "인간이 다른 인간에게 늑대homo homini lupus"가 된다고 생각하기 때문이다. 국제정치학에서 흔히 '자유주의'와 '현실주의'로 구분해 부르는 시각의 원형이 여기에 있다. 그러나, 물론 로크가 자연 상태를 그 자체로 전쟁 상태와 동일시하지는 않았지만, 로크의 자연 상태가 그 구조적 결함으로 인해 필연적으로 전쟁 상태가 될 수밖에 없고, 심지어 군주와 인민 사이에 분쟁이 발생했을 때 신 외에 달리 호소할 데가 없으면 전쟁 상태가 된다는 것을 생각하면, 로크의 자연 상태와 홉스의 자연 상태의 거리는 그리 멀지 않다.

로크의 자연 상태가 국가 상태로 이행하는 가장 중요한 이유는 자기 보존이다. '자기 보존' 역시 17세기의 정치사상가들이 공통적으로 이용하는 개념이다. 여기에서 '자기'를 보존한다는 것은 단순히 한 사람의 목숨을 유지하는 것만을 의미하지 않고 '자기 종'을 보존하는 것까지를 포함한다. 그렇게 하려면 우선 남녀가 결합해야 하고, 이 결합을 유지하기 위한 각종 수단이 확보되어야 하며, 더 나아가 이 결합이 확장되어야 한다. 이 과정에서 '소유property'

의 관념이 중요하게 작용한다.

소유권

우리가 나의 소유라고 가장 분명하게 말할 수 있는 것은 무엇일까? 로크는 모든 (성숙한) 사람이 자신의 인신^{person}에 대해 배타적 소유권을 가진다고 주장한다.

> 자연의 사물들은 공유로 주어지지만, 인간은 (그 자신의 주인으로서, 곧 그 자신의 인신, 행위 및 노동의 소유주로서) 그 자신 안에 소유권의 주된 기초가 되는 것을 지니고 있다. 따라서 발명과 기예를 통해서 삶의 편익을 개선했을 때, 그가 자신을 부양하고 편리하게 하기 위해서 사용한 것의 대부분을 차지하는 것은 전적으로 그의 것이며 다른 사람과의 공유물이 아니다. (44절)

여기에서 '인신'은 신체적인 것도 의미하지만, '인격'이라고도 번역되듯이 정신적인 것도 의미한다. 내가 바로 나의 몸과 마음의 주인이라는 뜻이다. 여기에서 내가 나의 마음의 주인이라는 것은 특히 종교적 자유와 관련해 중요하다. 몸의 주인과 마음의 주인이 따로 있을 수 없지만 한때는 그 모든 것이 신의 것이기도 했고, 또 한때는 몸은 세속 통치자의 것이고 마음은 신의 것이기도 했다. 몸도 마음도 모두 자기의 것이라는 로크의 주장은 그런 의미에서 매우 도발적인 것이다.

내가 나의 주인이라는 말은 내가 다른 누군가의 소유물이 아니라는 뜻이다. 이 사소해 보이는 말이 정치적으로 매우 중요한 의미를 가진다. 내가 만약 나의 주인이 아니라면, 다른 누군가가 나의 주인이 되기 때문이다. 타인의 소유물일 수 있는 가능성은 결국 전제적 지배의 긍정으로 이어지게 된다. 신민을 마치 자신의 소유물처럼 여기는 전제적 지배의 가능성을 차단하기 위해서는 가정 안에서조차 개개인이 누군가의 소유물로 여겨져서는 안 된다. 자식을 부모의 전제적 지배에서 해방하려고 한 로크는 그렇게 함으로써 궁극적으로 시민을 다른 누군가의 전제적 지배에서 해방하려고 했다. 뒤집어 말하면, 시민을 전제적 지배에서 해방하기 위해서도 그 시민을 먼저 부모에게서 해방해야 했던 것이다.

내가 다른 누군가의 소유물이 아니라는 주장은 오늘날 지극히 당연한 것처럼 들린다. 그러나 여전히 부모가 자식을 자신들의 소유물처럼 간주하여 그 소유물을 관리하고 가치를 높이는 일에 목숨을 거는 한국 사회의 현실을 생각하면, 로크의 주장은 여전히 현재적이다. 성인이 된 자식을 독립적 인격으로 인정하는 것은 자식에게 정치적 동의 능력을 부여하는 것이고, 그것은 자식과 부모가 정치적으로 동등한 시민임을 인정하는 것이다. 정치사회의 구성원이 평등할 때, 그 구성원의 동의에 기초한 통치 또한 합리적일 수 있다. 그러나 정치사회의 구성원이 불평등하면, 동의에 기초한 통치는 오히려 불평등을 강화하는 기제로서 작용할 수 있고, 소수의 구성원이 나머지 구성원을 전제적으로 지배하는 수단이 될 수 있다. 그러므로 통치가 합리적이려면, 즉 피치자의 이익을 제대로 보살필 수 있으려면 정치사회의 구성원이 평등해야 한다. 그리고 시민들이 평등하려면 가정에서 구성원들이, 일시적으로는 불평등할지라도, 근본적으로 평등해야 한다.

한국 사회에서 자식들이 법적으로 성인이 된 후에도 여전히 부모의 지배에서 벗어나지 못하는 이유가 경제적으로 자립하지 못하기 때문이듯이, 사람이 온전한 시민이 되기 위해서는 먼저 재산을 소유해야 하고, 재산을 소유하기 위해서도 먼저 자기 자신의 주인이 되어야 한다.

그런데 주인이면 자신의 소유물을 마음대로 처분해도 좋을까? 현대의 자유주의자들은 그렇게 생각할지도 모르겠다. 우리의 몸은 부모에게서 받은 것이므로 함부로 이용해서는 안 된다고 하는 관념이 한쪽에 있다면, 다른 한쪽에는 내 몸은 나의 것이므로 마음대로 이용할 수 있다고 하는 관념이 있다. 로크가 비판한 기존의 관념이 자식을 부모의 소유물처럼 취급하는 것이라면, 로크의 생각은 각자의 몸은 각자의 소유물이라는 것일까?

로크의 소유 관념은 자연법 또는 자연의 법칙과 밀접하게 관련되어 있다. 로크의 생각에 어떤 자연적 사물에 대한 권리는 그 사물이 본래 가지고 있는 목적에 맞게 그 사물을 가장 잘 보살필 수 있는 사람에게 있다. 여기에서 아리스토텔레스의 영향을 찾아볼 수 있다. 그렇다면 내 몸을 가장 잘 보살필 수 있는 사람은 누구일까? 또 내 마음과 정신을 가장 잘 보살필 수 있는 사람은 누구일까? 물론 나 자신이지만, 내가 아직 이성을 온전히 사용할 수 없는 동안에는 부모(와 교사)가 그 역할을 대신해줄 수밖에 없다. 그래서 로크는 자식에 대한 부모의 권리가 일시적이라고 말한다. 그러나 궁극적으로 자기를 돌보는 일은 우리 각자가 스스로 해야 한다.

자연적 사물을 돌보는 일을 로크는 권리이자 동시에 의무라고 생각한다. 자식을 돌보는 일은 부모의 권리이자 의무이다. 일방적으로 권리만 가지고 있고 의무는 없는 절대적 또는 무제한적 권력은 로크의 생각과 거리가 멀다. 청교도들이 군주와 신민 간의 '상호 의무' 관념을 통해 군주의 권력에 제한을 가했다면, 로크는 권리와 의무를 사실상 같은 것으로 이해함으로써 '제한 정부'의 이념에 도달한다. 주어진 의무를 다할 수 없는 사람에게는 권리도 주어지지 않는다는 것이다. 바로 이런 생각이 로크의 소유권 관념에 반영되어 있다.

흔히 '노동가치설'과 관련되는 것으로 이해되는 로크의 소유 관념은 인간이 자신의 인신에 대해 권리를 가진다는 사실에서 출발한다. 다시 한 번 부연하지만, 어떤 것에 대해 권리를 가진다는 말은 그것을 잘 보살필 의무를 가진다는 말이다. 내 몸이 나의 것이므로, 내가 나의 몸을 이용해

채집하고 만들어낸 다른 사물들도 나의 것이 될 수 있다. '될 수 있다'고 유보적으로 표현한 이유는 여기에 두 가지 의미의 자연적 한계가 가해지기 때문이다.

　예컨대 내가 나의 몸을 이용해 도토리를 수집하는 경우 도토리가 가진 썩는 성질이 한편으로 도토리에 대한 나의 소유를 제한하고, 나와 마찬가지로 그 도토리를 가지고 싶어 하는 다른 사람의 존재가 또한 도토리에 대한 나의 소유를 제한한다. 도토리가 썩는데도 미련하게 필요 이상으로 도토리를 수집하거나 다른 사람이 도토리를 필요로 하는데도 혼자서만 도토리를 가지려고 하면, 도토리에 대한 나의 권리는 자연적으로 제한될 수밖에 없다. 도토리의 자연적 성질을 이해하지 못하고 다른 사람의 욕구를 이해하지 못하는 나의 비합리성이 자연적으로 나의 권리를 제한하는 것이다. 도토리에 대한 나의 권리가 유지되기 위해서는 도토리의 본성에 대한 이해도 필요하지만, 그것을 가지려고 하는 다른 사람의 본성에 대한 이해도 필요하다. 그러므로 소유에 대한 권리는 이성의 명령을 따를 때에만, 즉 자연(본성)을 정확히 이해할 때에만 보장될 수 있다.

　썩지 않는 화폐의 발명이나 개개인의 소유권을 조정하

는 정부의 수립 모두 인간이 이성의 명령에 따라 행동한 결과이다. 그러므로 개인적 차원에서 재산의 보유와 증식이 합리성의 증거이듯이, 집단적 차원에서 정치적 계약의 존재와 지속 역시 합리성의 증거이다. 로크에게 재산의 소유와 소유권 제도의 확립은 이성적 삶의 지표인 것이다. 부모의 재산을 물려받는 것을 정치적 계약에 대한 '묵시적' 동의라고 로크가 간주한 까닭은, 한편으로는 그것이 국가를 통한 소유권의 합리적 조정을 인정하는 것이기 때문이고, 다른 한편으로는 그것이 자기 자신을 보존하고 재산을 증식하는, 그럼으로써 자신의 합리성과 시민 자격을 증명하는 하나의 방법이기 때문이다.

　전통적으로 재산은 시민이 되는 조건이었다. 고대 아테네 민주정에서도 시민은 기본적으로 재산을 가진 사람이었다. 재산이 있어야 자신이 직접 노동에 종사하지 않을 수 있고, 그래야 또한 정치에 참여할 수 있는 여유를 누릴 수 있기 때문이다. 이런 전통적인 생각을 로크는 상업이 발전한 세상에 맞게 부분적으로 수정하지만 근본적으로 부정하지는 않는다. 토지의 형태로 물려받은 재산이 없더라도 상업을 통해 모을 수 있는 화폐 재산은, 만약 그가 합리적으로 행동한다면 얼마든지 가질 수 있기 때문이다. 로크의 생각에도 여전히 재산은 시민이 되는 조건이지만, 이제 그것은 여가와 정치적 참여의 가능성 때문이 아니라 축적된 재산이 그가 성인임을 증명해 보여주기 때문이다.

캐나다의 정치학자 맥퍼슨C. B. Macpherson은 로크의 국가가 결국 재산 소유자 공동체가 된다고 지적했다. 자연 상태가 홉스적인 의미의 전쟁 상태가 아니라면, 그런 자연 상태에서 불편함을 느낄 사람은 결국 재산을 가진 사람들일 것이고, 그래서 이들이 자신의 재산에 대한 소유권을 안정적으로 보장받기 위해 계약을 체결하여 국가를 세울 것이기 때문이다. 자본주의적 소유 관계에 대한 비판적 정서가 깔려 있는 해석이다. 일리가 없지는 않지만, 로크의 생각 속에서 더 지배적인 것은 재산을 가진 사람들을 특권화하는 것이 아니라, 재산을 통해 그 소유자의 시민 자격을 확인하는 것이다. 이런 생각이 아메리카 원주민에 대한 잉글랜드인의 지배를 인정하는 데에서도 나타난다.

로크의 생각에 아메리카 원주민은 토지에 대한 권리를 인정받을 수 없는데, 그 이유는 그들이 토지를 제대로 활용하지 못했기 때문이다. 토지에 대한 자연적 권리는 토지의 본성을 제대로 이해하고 활용하는 사람에게 있지, 그렇지 않은 사람에게 있지 않다는 것이다. 아메리카 원주민은 자신들의 자연적 의무를 제대로 이행하지 못했기 때문에 권리 또한 가질 수 없다. 그러므로 그들에게 필요한 것은 미성년 자식에 대한 부모의 일시적 지배와 같은 신탁 통치일 것이다.

로크의 이런 목적론적 생각은 현실에서 이중적 결과를 가져온다. 한편으로 그것은 미성년 자식에 대한 부모의 자연적 권리와 의무는 인정하고 성인이 된 자식에 대한 부모의 권리와 의무는 부정함으로써 부모의 지배에서 자식을 해방시키는 결과를 가져오지만, 다른 한편으로 그것은 실질적으로 아직 성인이 되지 못한 인간 일반을 '보살필' 인간의 보편적 권리와 의무를 정당화함으로써 다른 누군가를 다시 '부모'의 지배 아래 두는 결과를 가져온다. 이 점에서 로크의 생각은 가부장주의와도 양립할 수 없지만, 민족주의와도 양립하기 어렵다.

계약

로크는 인간이 계약을 통해 사회와 국가를 형성한다고 생각한다. '계약'이라는 관념을 통해 로크가 의도하는 바는 가족적 유비에 근거한 전통적 국가의 제약에서 개인을 일단 해방하는 것이다. 그리고 가족과 정치공동체를 개인들의 자유로운 '동의'의 산물로 재구성하는 것이다. 로크는 사회를 기본적으로 이런 동의의 산물로 간주한다. 가족마저 자발적으로 결합하는 사회의 한 종류라 여기는 로크의 생각에 개인의 동의와 무관하게 출생과 함께 자동으로 속하게 되는 공동체는 없다. 우리가 씨족이나 민족처럼 '혈연'을 통해 지속되고 있다고 믿는 공동체조차 로크의 생각에는 묵시적 동의가 지속된 결과일 뿐이다. 동의 없이 자연적으로 지속될 수 있는 사회는 사실상 없다는 것이 로크의 생각이다.

이런 급진적 주장은 오늘날에도 여전히 낯설지만 당대에도 쉽게 받아들여질 수 없었다. 그러나 로크의 의도는 인간을 모든 사회적 관계와 구속으로부터 떼어놓으려는 것이 아니라, 다만 모든 관계를 관계 속에 있는 사람들의 동의에 종속시킴으로써 자유롭게 하려는 것이었다. 다시 말해 가족 사회, 교회 사회, 정치 사회를 모두 자기 목적에 충실하도록 함으로써 그 기능을 합리화하려는 것이었다. 그런 의미에서 로크가 말하는 계약이 역사적으로 체결된 바 없다고 하는 비판은 과녁을 빗나간 것이다.

계약은 다른 말로 하면 약속이다. 홉스는 계약이라는 관념을 통해 그것을 지켜야 한다는 결론을 도출해냈다. 복종하기로 한 약속을 지키지 않으면 원하는 안전을 얻을 수 없다는 것이다. 그래서 홉스의 계약을 '신약(信約, covenant)', 즉 믿고 맺는 약속이라고도 한다. 주권자와의 계약은 모두 이런 성격을 가지고 있다. 복종을 통해 주권이 확립되어야만 주권자가 그 대가로 안전을 제공할 수 있기 때문이다. 안전을 먼저 제공받고 그 대가로 복종을 할 수는 없다. 이 시간의 불일치는 '신뢰'로 해결할 수밖에 없다. 그러나 신뢰는 또 어디에서 오는 것일까? 이것을 '계약 이론의 역설'이라고 부른다.

로크가 생각하는 계약은 주권자와의 계약이 아니라 사람들끼리의 계약이다. 자연 상태의 불편함을 느끼는 사람들이 각자가 누리던 권리를 포기하고 정치사회를 형성하기로 서로 합의하는 것이다. 이 최초의 동의는 만장일치일 수밖에 없다. 동의하지 않는 사람은 함께 정치사회를 구성하지 않을 것이기 때문이다. 그러나 일단 정치사회가 형성되고 나면 만장일치가 아니라 다수의 동의에 의존하게 된다. 매번 만장일치가 이루어져야 한다면 국가는 지속될 수 없을 것이기 때문이다. 로크는 다음과 같이 설명한다.

일정한 수의 사람들이 하나의 공동체나 정부를 구성하기로 동의할 때, 그들은 즉시 하나의 단체로 결합되어 하나의 정치체를 결성하게 되며, 거기서는 다수majority가 여타 사람들을 움직이고 결정할 권리를 가진다.

그 이유는 그 숫자와 상관없이 일정한 수의 사람들이 각각 개별적인 동의에 의해서 공동체를 결정했을 때, 그들은 그 행위를 통해서 그 공동체를 한 몸one body으로 만들었기 때문이다. 그 결과 공동체는 한 몸으로서 행동할 수 있는 권력을 가지게 되며, 그 권력은 오직 다수의 의지와 결정에 따르게 된다. 왜냐하면, 어떤 공동체이든 그것을 움직이게 하는 것은 오직 그 구성원들의 동의뿐인데, 한 몸은 한 방향으로 나아갈 수밖에 없으므로 가장 커다란 힘, 곧 다수의 동의가 그것을 이끄는 방향으로 움직이지 않을 수 없기 때문이다. 만약 그렇지 않다면 그것은 한 몸, 한 공동체로서 활동하거나 존속하는 것이 불가능해진다. 실상 공동체를 결성한 각 개인은 동의를 통해서 그렇게 되어야 한다고 합의한 셈이다. 그러므로 동의에 의해서 모든 개인은 다수가 결정하는 바에 구속된다. (95~96절)

그렇다면 로크가 생각하는 계약에는 역설이 없을까? 정치사회 속에서 동의하지 않는 소수는 동의하는 다수의 힘에 의해 제압된다. 이것은 비합리적인 일도 아니고 비민주적인 일도 아니다. 이제 계약의 위반은 자연적 권리가 아니라 미련한 행동이다. 누군가가 계약을 위반한다면 나머지 사람들이 그 위반자를 처벌할 것이므로 적어도 합리적인 사람이라면 계약을 위반하지 않을 것이다.

그런데 문제는 모든 사람이 늘 합리적이지는 않다는 것이다. 약속을 어기는 사람, 즉 다른 사람의 재산권을 침해하고 스스로 자기의 재판관이 되려는 사람이 늘 있게 마련이다. 법과 다수의 강제만으로 계약을 위반하는 것을 막을 수는 없다. 만약 이런 위반의 가능성이 현저하다면, 애초에 과연 누가 계약의 체결에 동의할까? 차라리 자연 상태의 불편함을 감수하려고 하지 않을까? 이처럼 약속의 위반 가능성은 언제나 약속 자체를 위태롭게 한다. 그렇다면 약속 외에 무엇이 더 필요할까?

계약 이론이 가진 이런 역설, 즉 계약이 체결되기 위해서도 모두가 약속을 지킬 것이라는 믿음이 전제되어 있어야 한다는 역설은 계약이 역사적으로 실제 체결된 바가 없다고 하더라도 이론적으로 해결되지 않으면 안 된다. 홉스는 이 역설을 믿음이 아니라 오히려 믿지 못함, 즉 불신을 통해 해결하려고 한다. 서로 전혀 신뢰할 수 없는 불안한 상황이 사람들로 하여금 계약을 체결하지 않으면 안 되도록 만들고, 압도적으로 강한 주권자의 힘을 통해 계속 약속을 지키지 않을 수 없도록 만든다는 것이다. 그래서 홉스의 이론에서 가장 위험한 존재는 죽음을 두려워하지 않는 사람이다. 그에게는 약속을 지키도록 강요할 방법이 없기 때문이다.

로크에게도 이 역설은 골칫거리이다. 계약이 성립하기 위해서도 구성원들 사이에 신뢰가 전제되어 있어야 하기 때문이다. 명시적으로 이야기하고 있지는 않지만, 로크는 이 문제를 종교를 이용해 해결하려고 한다. 당시로서는 신뢰의 기반으로서 종교만한 것이 없었기 때문이다. 국가, 곧 정치사회를 계약의 산물로 이해하는 로크가 종교적 관용의 대상에서 무신론자나 무슬림, 유대인, 가톨릭교도 등을 배제한 이유가 바로 여기에 있다. 이들이 약속을 지킬 것이라는 믿음을 당시의 잉글랜드 사람들은 가질 수 없었다. 신을 아예 믿지 않는 사람이 하는 약속을 믿을 수 없었고, 정치적 충성의 중심이 다른 곳에 있는 사람과도 정치적 계약을 맺을 수 없었다. 또한 내세의 존재를 믿지 않는 이신론자theists와도 계약할 수 없다고 생각했는데, 그들이 영원한 형벌 자체를 믿지 않는다고 여겼기 때문이다. 계약의 체결이라는 '이성적' 기획이 작동하기 위해서도 종교를 통한 신뢰의 확보라는 '정서적' 기획이 병행되어야 하는 것이다.

로크의 계약 이론은 오늘날 우리가 가진 정치적 관념 속에 깊이 자리 잡고 있다. 역사 속에서 어떤 계약이 실제로 체결되었는지와 무관하게 그 이론은 우리를 계약의 주체로 만드는 효과를 가진다. 계약 개념이 시민의 경계를 작동시키기 때문이다. 시민이라면 계약 체결에 참여했을 것이고, 계약 체결에 참여했다면 평등한 권리를 누리는 시민일 것이다. 반대로 계약 체결에 참여하지 않았다면 시민이 아니므로 평등한 권리를 누릴 수 없다. 그러므로 우리는 시민으로서 평등한 권리를 누리기 위해서라도 계약 체결에 참여했다고 믿고 싶어 하게 된다. 또는 계약에 호소하여 평등한 권리를 요구할 수 있게 된다. 이 점에서 로크의 계약 이론은 정치사회의 구성원을 수동적 신민이 아닌 적극적 시민으로 만드는 효과를 가진다. (물론 그와 동시에 계약 체결에 참여했을 리가 없다고 간주되는 이주민을 배제하는 효과도 가질 수 있다.)

또한 로크의 계약 이론은 안전을 대가로 주권자에게 절대적 복종을 약속하는 홉스의 계약 이론과 달리 통치의 권한을 위임받은 자가 시민들이 동의한 범위를 넘어 행동할 수 없도록 제한하는 효과를 가진다. 선거를 통해 정부를 운영할 사람들을 선출하는 오늘날의 모든 사회에서 이 관념은 지배적이다.

박근혜 대통령의 탄핵을 요구한 시민과 그것을 결정한 헌법재판소가 구체적으로 '계약'을 언급하지는 않았지만, 궁극적으로 '국민의 신임을 배반'한 것이 탄핵의 사유였음은 분명하다. 위임된 권력은 목적에 맞게 사용되지 않았을 때 언제든지 회수될 수 있다. 계약은 어느 일방이 약속을 지키지 않을 때 언제든지 파기될 수 있는 것이다. 이 위반과 파기의 가능성이 계약을 인과적으로 설명할 때에는 계약의 체결 자체를 매우 어렵게 만들지만, 일단 체결된 것으로 가정하면 계약은 의무를 이행하도록 강제하는 규범적 효과를 가진다.

저항권

로크의 정치사상에 대한 연구에서 재산권이나 소유에 관한 이론 외에 특히 한국에서 한동안 주목받았던 것은 그의 저항권 이론이었다. 아마도 그것은 오랫동안 군부 독재 치하에서 자유를 박탈당해야 했던 한국인의 실존적 관심에서 비롯했을 것이다. 군부 독재에 맞서 때로는 폭력적으로 저항했던 사람들이 자신들의 저항을 정당화하고 싶었던 것이다. 로크는 저항권을 인민이 보유한 자연적 권리라고 생각한다. 모든 사람이 자연적으로, 즉 태어날 때부터

보유하는 자기를 지킬 정당한 권리라는 것이다. 이에 대해
로크는 다음과 같이 말한다.

인간이 사회에 들어가는 이유는 그들의 재산을 보존하기 위함
이다. 그들이 입법부를 선출하고 권한을 부여하는 목적은 그
사회의 모든 구성원들이 가진 재산의 보호수단이자 울타리로
서 그 사회의 각 구성원이 행사하는 권력을 제한하고 지배력
을 억제하는 법률을 제정하고 규칙을 만드는 데에 있다. 왜냐
하면 입법부가 모든 개인이 사회에 들어감으로써 확보하고자
의도한 것, 그리고 그것을 위해서 인민이 그들이 선정한 입법
자들에게 복종하기로 한 것을 파괴할 권력을 가져야 한다는
것이 사회의 의지라고는 결코 상상할 수 없기 때문이다. 입법
자들이 인민의 재산을 빼앗거나 파괴하고자 기도할 경우 또는
인민을 자의적 권력하에 놓인 노예로 만들고자 할 경우, 그들
은 스스로를 인민과의 전쟁 상태에 몰아넣는 것이며, 인민은
그로 인해 그 이상의 복종 의무로부터 면제되며, 무력과 폭력
에 대비하여 신이 모든 인간을 위해서 마련해놓은 공통의 피
신처로 대피할 수밖에 없게 된다. 그러므로 입법부가 야심, 공
포, 어리석음 또는 부패로 인해 인민의 생명, 자유 및 자산에

대한 절대적인 권력을 자신들의 수중에 장악하거나 아니면 그 밖의 다른 자들의 수중에 넘겨줌으로써 사회의 기본적인 규칙을 침해하게 되면 언제나 그들은 인민이 그것과는 상반된 목적으로 그들의 수중에 맡긴 권력을 신탁 위반으로 상실하게 된다. 그 권력은 인민에게 되돌아가며 인민은 그들의 원래의 자유를 회복할 권리와 (그들의 적합하다고 생각하는 바에 따라) 새로운 입법부를 설립함으로써 바로 그들이 사회에 가입한 목적에 다름 아닌 그들 자신의 안전과 안보를 강구할 수 있는 권리를 가지게 된다. (222절)

그런데 이런 권리가 자연적으로 주어져 있다고 누군가가 말해주어야만 사람이 저항할 수 있는 것일까? 그런 권리가 애초에 주어져 있지 않다고 말하면 저항하고 싶은데도 저항하지 못할까? 저항할 권리가 자연적 권리라는 말은 얼핏 보기에는 사전적 허용 같지만 사실 사후적 승인이다. 대한민국 헌법 전문에 기록되어 있는 저항의 사례들은, 일부 학자들은 그것을 저항권의 인정이라고 해석하지만, 사후적으로 정당성을 얻은 저항이었지 사전에 이미 정당한 저항이 아니었다. 그리고 앞으로 일어날 그 어떤 저항도 사전에 그것이 이미 정당한 것인지를 우리는 알 수 없을 것이다.

　물론 사전에 이미 정당성을 주장하는 저항은 있다. 그것은 바로 종교적 또는 정치사회적 이데올로기에 근거한 저항이다. 그런 저항을 하는 사람들은 정당성이 사전에 이미 자신들에게 주어져 있다고 믿는다. 그러므로 이런 저항권 이론은 저항을 억제하기보다 오히려 부추긴다. 로크의 시대에 종교적 신념에 근거한 저항권 이론들이 바로 그와 같은 효과를 가졌다. 그에 비하면 로크의 '자연적' 저항권 이론은 저항을 억제하는 효과를 가진다. 그 정당성 여부가 사전에 결정되어 있지 않기 때문이다. 그러므로 '저항권' 이라는 용어 자체가 주는 느낌과 다르게 로크의 저항권 이론은 보수적 함의를 가진다. 로크는 저항의 이런 자연적 한계에 대해 다음과 같이 이야기한다.

　이러한 교의로 인해 남의 일에 참견하거나 소동을 일으키기 좋아하는 자는 기꺼이 정부의 전복을 바라게 될 것이고 그 결과 불행한 사태가 그들의 원하는 만큼 자주 일어날 수 있다는 식의 주장은 이제 그만두기로 하자. 그런 사람들은 원할 때면 언제나 선동하겠지만, 그것은 단지 그들의 파멸과 멸망을 자초할 뿐이다. 왜냐하면 폐해가 만연되고 통치자의 사악한 음모가 명백히 드러나거나 또는 그들의 기도가 대다수의 사람들에게 감지되지 않는 한, 인민은 저항으로 이를 시정하기보다는 오히려 고통을 감당하는 경향이 있고 따라서 쉽게 동요하지 않기 때문이다. (230절)

로크는 인민이 원초적 계약을 통해 정치사회를 형성하고, 자신들이 가진 통치의 권한을 입법자들에게 믿고 맡긴다고 생각한다. 입법자들은 자신들에게 권한을 '믿고 맡긴', 즉 신탁信託한 인민의 뜻에 따라 구체적인 법률을 제정한다. 그리고 이 법률을 집행할 권한을 왕에게 믿고 맡긴다. 이 모든 과정은 신뢰에 기반을 두고 있다. 신뢰가 없으면 위임도 이루어질 수 없고, 법에 따른 통치도 있을 수 없다. 신뢰는 로크의 정치 이론 전체를 떠받치는 핵심이다. 앞에서 설명했다시피 모든 사회, 즉 인간의 결합을 계약의 산물로 이해하는 로크에게 계약의 위반과 파기 가능성은 계약 체결 자체를 어렵게 만든다. 그렇기 때문에도 신뢰는 로크의 계약 이론의 핵심인 셈이다. 그러나 그렇다고 해서 계약이 전적으로 신뢰에만 근거하고 있는 것은 아니다. 계약은 또한 구조에 의해서도 떠받쳐진다.

이론적으로 계약은 언제든지 파기될 수 있지만 한번 체결된 계약은, 특히 그것이 많은 사람들이 참여하여 체결한 것이라면, 소수의 위반으로 인해 쉽게 파기되지는 않는다. 계약이 유지됨으로써 이익을 얻는 사람들이 계약을 위반하려는 사람들을 억제하기 때문이다. 그러므로 정치사회를 성립시킨 계약은 어느 정도 지속성을 가진다. 물론 그렇다고 해서 영구적인 것은 아니다. 로크는 어느 한 정치사회가 다른 국가에 의해 무력으로 정복되는 경우에는 해체될 수 있다고 말한다. 그러나 그런 외부 영향에 의해 강제로 해체되는 경우를 제외하면 스스로 해체되는 일은 드물다고 말한다. 정치사회를 애초에 결성했을 때의 필요가 여전히 지속되는 한 계약은 지속될 것이기 때문이다.

어쩌면 이보다 더 쉽게 위반될 수 있고, 그러므로 또한 더 쉽게 파기될 수 있는 것이 통치 계약일 것이다. 즉 인민이 자신들끼리 체결한 계약(헌법)에 입각해 법률을 제정할 입법자와 그 법률을 집행할 왕을 세우면서 체결하는 계약이다. 이 계약은 인민이 정치사회를 형성하면서 최초에 체결한 계약보다는 위반되기 쉽고, 그러므로 파기되기 쉬울 것이다. 그런데 이 계약에서 인민 쪽이 계약을 위반하는 경우는 어떤 것일까? 인민이 집단적으로 계약을 위반할 수 있을까? 그런 경우는 상상하기 힘들다. 상상할 수 있는 것은 시민 개개인이 복종의 의무를 저버리는 경우일 것이다. 이 경우에 계약을 위반한 시민은, 그것을 그들 자신은 저항이라고 부르더라도, 통치자에 의해 처벌받을 것이다. 그러므로 인민의 계약 위반은 비교적 쉽게 통제될 수 있다. 그렇다면 통치자 쪽은 어떨까? 통치자가 계약을 위반하는 경우에 과연 누가 그들을 처벌할 수 있을까? 통치자의 계약 위반은 쉽게 통제될 수 있을까?

로크의 시대로 돌아가 보자. 왕이 인민과 맺은 계약을 지키지 않으려고 할 때, 즉 그가 인민의 뜻에 따라, 의회가 제정한 법에 따라 다스리지 않으려고 할 때, 그를 통제할 수 있는 방법은 과연 무엇일까? 왕이 교황조차 두려워하지 않을 때, 자신이 교회의 머리라고 주장할 때, 그를 통제할 수 있는 힘은 과연 어디에서 올 수 있을까? 바깥의 '정당한' 힘을 인정하지 않는 왕의 권력을 통제할 힘은 이제 안에서 나올 수밖에 없다. 앞에서 언급했다시피, 외국

의 정복에 의해 정부는 물론이고 정치사회 자체도 강제로
해체될 수는 있다. 그러나 그것은 법적 권리에 의한 것이
아니라 어디까지나 전쟁의 권리에 의한 것이다. 그렇다면
국내에서 왕의 권력을 통제할 힘은 어디에서 나올 수 있
을까? 잉글랜드 내전이나 명예혁명과 같은 역사적 사건은
그 힘이 인민의 대표를 자임하는 의회에서, 그러나 법적
권리에 의해서가 아니라 전쟁의 권리에 의해서 나올 수밖
에 없음을 보여준다.

누구든 무력으로 그러한 제도와 법률을 망가뜨리고 무력으로
그 침해를 정당화하는 사람은 참으로 그리고 문자 그대로 반
란자rebel이다. 왜냐하면 인간은 사회와 시민정부에 들어감으
로써 무력의 사용을 포기하고 그들 간에 재산, 평화 및 통일성
을 보존하기 위해서 법률을 제정하였기 때문이다. 그러나 무
력을 내세워 법률에 대항하는 자들은 반란을 일으키는rebel-
lare[1], 곧 전쟁 상태로 되돌아가려는 것이며 그렇기 때문에 문
자 그대로 반란자이다. (226절)

1 '반란을 일으키다(rebellare)'라는 단어에는 전쟁(bellum)을 다시(re) 일으킨
  다는 뜻이 내포되어 있다.

로크는 한편으로는 내전의 경험을 사후적으로 이론화했고, 다른 한편으로는 그 이론을 통해 명예혁명을 사전에 정당화했다. 그 이론은 바로 왕의 집행권을 의회의 입법권에 종속시키는 것이었고, 그 이론은 실제로 나중에 현실이 되었다. 입법권에 종속된 집행권의 관념은 오늘날 영국의 정부 형태를 낳았다. 유럽 대부분의 국가에서 관찰할 수 있는 의회중심제는 입법부인 의회가 국민을 단일하게 대표하고 의회에서 구성되는 행정부가 의회에 책임을 지는 제도이다. 물론 의회는 국민에게 책임을 진다. 이와 다르게 미국에서 발전한 대통령중심제는 입법부인 의회와 행정부의 수반인 대통령이 이중으로 국민을 대표하고 각각 국민에게 책임을 지는 제도이다.

물론 로크의 구상 속에서 왕은 아직 온전히 입법부에 의해 통제되지 않는다. 집행권을 가진 왕이 의회가 제정한 법대로 행동하지 않으면 어떻게 할 수 있을까? 왕을 상대로 의회가 전쟁을 선언해야 할까? 그것은 비극의 반복일 것이다. 로크는 이중적인 태도를 취한다. 한편으로는 반복해서 입법권이 집행권보다 우위에 있다고 주장하지만, 다른 한편으로는 집행되지 않는 법은 사실상 법이 아니며,

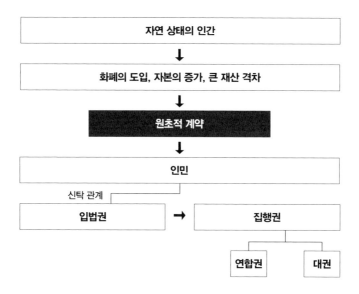

[그림 4] 로크의 사회계약론

왕에 의해 실제로 집행된 법이 효력을 가지므로 그것이 기존의 입법부를 해체하고 새로운 입법부를 구성한다고 말함으로써 사실상 집행권을 가진 왕의 실질적 우위를 인정한다. 내전의 재발을 막기 위해서였을까? 로크는 군주가 입법부의 신임을 설령 배반했더라도 주권자인 인민의 신임을 배반하지 않았다면 여전히 군주로서의 지위를 유지할 수 있다고 본다. 이때 인민이 저항하지 않는 것은 묵시적 동의로서 작용한다. 인민에게는 자연적 저항의 권리가 있지만, 그 권리는 인민이 참지 못해 자연적으로 저항을 하고, 실제로 그 결과로서 인민의 권한을 위임받은 군주나 의회가 강제로 퇴위·해산될 때 실현된다. 로크는 과연 인민의 저항권을 인정한 것일까 부정한 것일까?

《통치론》의 영향

로크의 정치사상은 미국의 독립에도 큰 영향을 끼친 것으로 알려져 있다. 영국 여왕의 압제에 저항하여 인민이 독립을 선포하고 자유로운 정부를 건설한 이야기는 마치 로크의 《통치론》을 그대로 현실 속에 구현한 것 같은 느낌을 준다. 또한 토머스 제퍼슨Thomas Jefferson, 1743~1826이 초안을 작성한 미국 〈독립선언문〉The Declaration of Independence, 1776은 《통치론》을 표절했다는 의심을 살 정도로 로크 정치사상의 핵심 내용을 잘 반영하고 있다는 평가를 받는다. 예를 들어 다음과 같은 구절이 그런 의심과 평가의 근거가 된다.

우리는 다음과 같은 것을 자명한 진리로 여긴다. 즉 모든 사람은 평등하게 창조된다. 그들은 양도할 수 없는 일정한 권리를 창조주에게서 부여받는다. 이 권리에는 생명, 자유, 행복의 추구가 포함된다. 이 권리를 확보하기 위해 사람들 사이에 정부가 수립되고 그 정부의 정당한 권력은 피치자의 동의에서 나온다. 어떤 형태의 정부이건 간에 이 목적을 파괴할 때 그 정부를 변혁하거나 철폐하고, 인민에게 그들의 안전과 행복을 가장 잘 보장할 것으로 보이는, 그런 원칙에 기초를 두고 그런 형태로 권력을 조직하는 새로운 정부를 수립하는 것은 인민의 권리이다.

그러나 달리 생각하면, 미국 〈독립선언문〉의 내용을 로크와 연결함으로써 로크의 정치사상에 대한 해석이 역으로 규정되어왔다고도 할 수 있다. 로크가 제퍼슨에게 영향을 끼친 것은 분명한 사실이지만 그 영향의 의미는 오늘날 수정주의적 해석에 의해 상대화하고 있다. 즉 공화주의의 영향과 스코틀랜드 계몽주의의 유산도 제퍼슨의 독립선언문 작성과 미국 건국에 중요하게 작용했다는 것이다. 또한 로크를 읽기 전에도 미국인들이 이미 C. B. 맥퍼슨적 의미에서 '로크적'이었다는 주장도 제기된다. 즉 소유권과 관련해 개인주의적이었다는 것이다. 이것은 미국의 로크적 성격을 부정하는 것이 아니라 다만 시기적으로 로크의 직접적 영향과 무관하게 미국이 그런 성격을 가지게 되었다고 주장하는 것이다.

이런 수정주의적 해석이 미국 건국에 영향을 준 다른 사상적 전통을 강조하거나 로크의 직접적 영향 없이 가지게 된 미국의 로크적 성격을 주장한다면, 또 다른 해석은 미국 건국에 영향을 준 로크 사상의 다른 측면을 강조한다. 2014년 미국의 철학자 매튜 스튜어트Matthew Stewart는 미국 〈독립선언문〉에 등장하는 "자연법과 자연의 신Nature's God의 법"이라는 표현에 주목하여 '위장한 스피노자주의자' 로크의 이신론적 종교 사상이 미국인에게 끼친 영향, 그와 같은 이단적 사상에 근거해 세워진 미국의 세속적 성격을 주장했다.[2]

로크와 그의 책《통치론》이 후대에 끼친 영향에 대한 해석이 이처럼 최근 들어 수정되는 이유는 한동안 잊혔던 로

2   Matthew Stewart, *Nature's God: The Heretical Origins of the American Republic*, W. W. Norton & Company, 2014.

크와 그의 정치 이론이 영국에서 19세기 중반 무렵부터 이른바 '휘그 사관'의 성립과 함께 재조명되면서 그 실제 영향이 다소 과장되었기 때문이다. 사실 19세기 중반까지 로크의 정치 이론은 영국의 학자들 사이에서 그리 중요하게 여겨지지 않았다. 계약 관념에 근거한 로크의 정치 이론이 역사적이지도 않고 논리적이지도 않다고 생각했던 것이다. 인간의 도덕적 의무를 효용의 차원에서 설명하는 이론이 유행하면서 로크의 계약 이론은 적실성을 잃어버리게 되었다. 긍정적으로나 비판적으로나 로크의 이론에 오히려 주목한 것은 마르크스를 비롯한 급진주의자들이었다. 그의 이론에서 노동가치설과 사유재산 관념, 저항권 관념 등을 발견할 수 있었기 때문이다. 한국에서도 로크는 일제 강점기에 마르크스주의나 무정부주의와의 관계 속에서 주로 정치경제학적으로 논의되었다.

영국에서 로크와 그의 《통치론》이 다시 주목받게 된 것은 19세기 중반 이후이다. 참정권이 점차 확대되어 왕은 이제 군림하기만 할 뿐이지 다스리지는 않게 되었고, 통치는 온전히 의회의 몫이 되었다. 이 시기의 역사학자들이 다분히 목적론적으로 영국의 역사를 다시 서술하면서 로크는 명예혁명을 정당화하고, 미국의 독립혁명에 이념을 제공하고, 영국 헌정의 자유주의적 발전을 예비한 사상가로 재해석되었다. 이렇게 로크는 서구에서 다시 주류 사상가가 되었고, 그런 사상가로서 비서구 세계인 한국에까지 알려지게 되었다. 자본주의 사회인 한국에서 급진주의자들은 로크를 사적 소유권을 옹호한 부르주아 사상가로 간주하면서도 그의 인민주권론이나 혁명론에 매력을 느꼈고, 권위주의적 지배가 계속되었던 한국에서 온건한 자유주의자들도 로크의 급진적 입장에 공감했다.

이 책의 첫머리에서 언급한 바와 같이 모든 텍스트는 콘텍스트를 가지고 있으며 콘텍스트 속에서 비로소 의미를 가지게 된다. 그러므로 텍스트를 제대로 이해하기 위해서는 콘텍스트를 알아야 한다. 그러나 텍스트의 운명은, 특히 '고전'이라고 불리는 텍스트의 운명은, 또 다른 콘텍스트를 만나 언제나 새롭게 해석되는 것이다.

이 책은 로크의 《통치론》이라는 텍스트를 로크의 생애와 시대, 그리고 17세기 정치사상사의 맥락 속에 위치시켜 이해하려는 시도였다. 그러나 동시에 독자들을 끌어들

이기 위해 현재의 콘텍스트와 연결시켜 이해하려는 시도
이기도 했다. 이미《통치론》을 읽어본 독자에게는 그 의미
를 새롭게 해석해보는 기회가 되었기를 바라고, 아직《통
치론》을 읽지 않은 독자에게는 현대인의 선입견을 버리고
로크의 텍스트를 당대의 맥락 속에서 읽어보려고 마음먹
는 계기가 되기를 바란다.

참고문헌

앨런 라이언, 남경태·이광일 옮김, 〈제13장 존 로크와 혁명〉, 《정치사상사: 헤로도토스에서 현재까지》, 문학동네, 2017, 597~652쪽.

존 로크, 강정인·문지영 옮김, 《통치론》, 까치, 1996.

존 로크, 공진성 옮김, 《관용에 관한 편지》, 책세상, 2008.

C. B. 맥퍼슨, 황경식·강유원 옮김, 《홉스와 로크의 사회철학: 소유적 개인주의의 정치 이론》, 박영사, 1990.

문지영, 《홉스 & 로크: 국가를 계약하라》, 김영사, 2007.

어네스트 바커 외, 강정인·문지영 편역, 《로크의 이해》, 문학과지성사, 1995.

박지향, 《클래식 영국사》, 김영사, 2012.

멜리사 A. 버틀러, 〈초기 자유주의적 페미니즘의 근원: 존 로크의 가부장주의 비판〉. 캐럴 페이트만·메어리 린든 쉐인리 엮음, 이남석·이현애 옮김, 《페미니즘 정치사상사》, 이후, 2004, 123~156쪽.

송규범, 《존 로크의 정치사상》, 아카넷, 2015.

폴 켈리, 김성호 옮김, 《로크의 통치론 입문》, 서광사, 2018.

Matthew Stewart, *Nature's God: The Heretical Origins of the American Republic*, W. W. Norton & Company, 2014.

찾아보기

존 로크 통치론

2018년 10월 12일 초판 1쇄 발행

지은이·공진성

펴낸이·김상현, 최세현
책임편집·정상태 | 디자인·임동렬

마케팅·김명래, 권금숙, 심규완, 양봉호, 임지윤, 최의범, 조히라
경영지원·김현우, 강신우 | 해외기획·우정민

펴낸곳·(주)쌤앤파커스 | 출판신고·2006년 9월 25일 제406-2006-000210호
주소·경기도 파주시 회동길 174 파주출판도시
전화·031-960-4800 | 팩스·031-960-4806 | 이메일·info@smpk.kr

ISBN 978-89-6570-686-1 (04080)
ISBN 978-89-6570-652-6 (세트)

쌤앤파커스(Sam&Parkers)는 독자 여러분의 책에 관한 아이디어와 원고 투고를 설레는 마음으로 기다리고 있습니다. 책으로 엮기를 원하는 아이디어가 있으신 분은 이메일 book@smpk.kr로 간단한 개요와 취지, 연락처 등을 보내주세요. 머뭇거리지 말고 문을 두드리세요. 길이 열립니다.